たった10日で決算書がプロ並みに読めるようになる！

会計の教室

林 總
[Hayashi Atsumu]

ダイヤモンド社

はじめに

日本人の会計リテラシーを底上げしたい

　IT、英語、会計がビジネスパーソンの三種の神器と言われるようになって久しいですが、実際に、会計を理解できている人、使いこなせる人はどれくらいいるでしょうか。

　例えば、経営者やビジネスパーソン、メディアの記者や経済評論家の「会計力」はどうでしょうか。正直、私はかなりネガティブに考えています。なぜなら、多くの経営者はROE（自己資本利益率）の向上を目指すべきだと何の疑いもなく主張しています。

　また、記者や評論家の中には収益と利益を混同したり、内部留保を取り崩して従業員に分配せよ、と的外れの訴えをする人がいます。しかし、会計の専門家である私に言わせれば、これらは噴飯ものの物言いなのです。

　このような発言やインタビュー記事を読むたびに、私の中で日本人の「会計力」をもっと底上げしなければという使命感のようなものがふつふつと湧き上がるのを感じてきました。そんな思いから執筆を始めたのが本書です。

　大げさでもなんでもなく、日本人の「会計力」の向上は、日本経済や企業、家計のレベルアップにつながると大まじめに考えています。

　ただ、言うまでもなく、経理関係者を除いて、それ以外の一般の人が簿記（決算書を作る技術）をマスターする必要はありません。簿記1級を取得すれば決算書を作ることはできるようになりますが、「決算書を解読し、経営に活かせる」ようにはなりません。

　つまり、会計力を身につけたいと思って簿記1級をめざすことは、アプローチとして正しくありません。必要なのは、「決算書を通して、その会社の状況や課題を把握し、それを経営や自分の仕事に活かしていけ

る力（＝会計力）」を身につけることです。

肥満の原因はカロリーではなく糖質の摂りすぎだった

　以前、私は肥満とダイエットを繰り返していた時期がありました。その繰り返しを断ち切ろうと始めたのが、ゆるやかな糖質制限でした。そして、1か月後、何の苦もなく体重は減り、それ以後不思議なことに甘いものを食べたくなくなりました。この時、私は肥満の原因はカロリーではなく糖質の摂り過ぎだったことを学びました。難行苦行のダイエット（カロリー制限）は無意味だったというわけです。言いたいことは、何事も方法を間違えると挫折や失敗を繰り返してしまうということです。

　会計の勉強もまったく同じです。どれだけ時間をかけても、もし勉強方法が間違っていれば会計力を身につけることはできません。

　では、どうすれば「会計力」が身につくのでしょうか。そのコツは「基本の理論を学び、本質を理解すること」です。

　本書は、私の45年以上にわたる会計を使ったコンサルティングと、15年の会計大学院での教育から編み出した独自のノウハウをまとめたものです。講演や授業で使う図版を多数載せてあります。決算書のどこにどう注目すればいいのかが、具体的にわかると思います。

　入門書ではありますが、「決算書がプロ並みに読めるようになる」というやや高いゴールを設定しました。実際にそうなっているかどうか、ぜひ、その目で確かめていただければと思います。

　では、登場人物の「川村カノン」になり切って、私の特別授業にしばしお付き合いください。最後まで読み終えた時には、間違いなく「会計力」を実感するはずです。では、授業を始めましょう。

2020年9月

公認会計士　林總

contents

4

第 **3** 章
損益計算書(PL)の見方をマスターしよう！[後編]

2日目後半

費用の90％はたった10％の利益しかもたらさない

LECTURE 01 **会計は価値の増加が確定したタイミングを重視する**

LECTURE 02 **損益計算書の中で最も重要な営業利益**

第 **6** 章
貸借対照表で会社の安全性をチェックする
4 日目

借金は少ないほどいいというものではない

第 **7** 章

ROA（総資産利益率）とROE（自己資本利益率）を マスターする！ 5日目

会社の命を削ってまでもROEを高めるべきではない

LECTURE 01 お金の使い方が一目でわかる魔法の指標ROA

LECTURE 02 株主が重視する指標はROE

第 **8** 章

キャッシュフロー計算書（CF）を理解する①

6日目

キャッシュフローは嘘をつかない

LECTURE 01 キャッシュフロー計算書は最強の決算書

第 **9** 章
キャッシュフロー計算書（CF）を理解する②

7日目

利益がでていても、税金を払うお金がないのはなぜ？

第12章
これがわかれば会計のプロだ！ （10日目）
カノン、社長の父と対決する

第 **1** 章

なぜ、会計を学ぶの？

会計は基本さえ身につければ、
簡単にマスターできる！

複式簿記は
人間の精神が産んだ
最高の発明の1つ

会計や決算書にほとんど興味もない生徒に、一体どうやって会計の面白さや意義を伝えればいいのか？　林教授のとっておきの授業が始まります。

❙「**会計は実学**」——**使えないと意味がない**

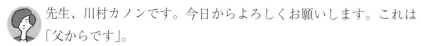

先生、川村カノンです。今日からよろしくお願いします。これは「父からです」。

おぉ、これは2005年のロマネコンティ[1]。最高のヴィンテージだね。

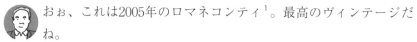

先生のご著書『餃子屋と高級フレンチでは、どちらが儲かるか？[2]』読みました。私も由紀のような立派な社長になりたいです。

君も一人娘だったね。いずれはお父さんの会社を継がねばならない。そのため、会計を勉強したいのだね。

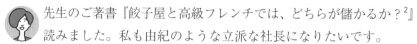

先生、冒頭からなんなのですが、会計ってやっぱり勉強しなければいけないものでしょうか？

随分ストレートな性格だね。君は会計についてどういう印象を持っているの？

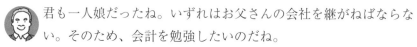

正直、つまらないだろうなって思っていました。でも、先生の本を読んで、ちょっとだけなら勉強しても良いかな、って。

どうやら、君はしぶしぶボクに会いにきたようだね。

1　ロマネコンティ（仏：Romanée-Conti）。1本100万円以上で売買される愛好家垂涎の赤ワイン。

2　会計の全くの素人だった矢吹由紀が、会計のプロである安曇教授の助けを得ながら、急逝した父の会社を立て直す会計サクセスストーリー。

わかりますか?

 でも、ここに来たことで君の人生は間違いなく変わると思うよ。

 どう変わるのですか?

 おそらく、君が今のまま社長になったら間違いなく会社をダメにするだろうね。だが、ボクのレクチャーを受ければ大社長になれる可能性がある。

 なぜ、そう断言できるのですか?

 君が会計を誤解しているからだよ。おそらく、会計よりも英語のほうがずっと大事だと思ってる。数学は簿記よりも高等だと思っている。違うかな?

 そんなの当然と思いますけど……。なぜ、会計がそんなに重要なのか、私には理解できません。

 君がそう考えるのは、お父さんの影響かな?

 そうかもしれません。うちの会社は経理担当が2人いますけど、毎月の支払いと伝票の整理をしているだけです。決算書や税金の申告書の作成は、安い費用で税理士事務所にやってもらっています。だから人件費の節約になるって、父が言っていました。

 なるほど。だが君のお父さんは君にボクのレクチャーを受けることを勧めた。その理由はなんだね?

 父は、決算書の内容をいちいち税理士の先生から聞くのが面倒なのだと思います。それで私に決算書を学ばせたいのでしょう。

君のお父さんの考えはわかった。では、君がここにきた理由は？

楽しみだからです。決算書のお勉強はつまらなそうですけど、先生のご著書に載っているような小ネタを仕入れられますからね。

小ネタかね。これはまいったな。でも、君には教えがいがありそうだ。

なぜです？

会社を経営する上で、会計は必須の知識だからだよ。君の話を聞いていると、どうやら君は物事を表面的にしかとらえていないようだ。たとえていえば、鏡に映る自分を見て、それがリアルな自分の姿だと思っている。

え、それって違うのですか？

鏡に映る顔と、私が見ている君の顔は同じではないよ。もっといえば、君の心の中まで鏡に映し出されるわけではない。

それは、会計とどんな関係があるのでしょう？

決算書の数字だけを見て、それが会社の真の姿だと思ってはいけないんだよ。決算書は注意して見ないと、**数字の奥の隠れた実態は見えてこない**。

そんなことって、できるんですか!?

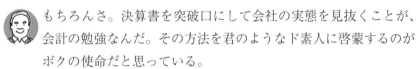もちろんさ。決算書を突破口にして会社の実態を見抜くことが、会計の勉強なんだ。その方法を君のようなド素人に啓蒙するのがボクの使命だと思っている。

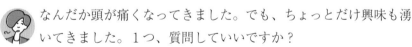なんだか頭が痛くなってきました。でも、ちょっとだけ興味も湧いてきました。1つ、質問していいですか？

なんだね。

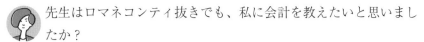先生はロマネコンティ抜きでも、私に会計を教えたいと思いましたか？

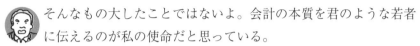そんなもの大したことではないよ。会計の本質を君のような若者に伝えるのが私の使命だと思っている。

会計の本質ですか？

そう。会計は実学だから使えなくては意味がない、ということだ。ボクは机上の空論を教えるつもりはない。

▎会計の歴史

先生、さっきおっしゃった実学ってどういうことですか？

理論よりも、実用に重きを置く学問ということだよ。

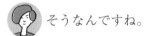そうなんですね。

ものの本によると、古代ローマ人は家庭に会計の習慣を持ち込んでいたそうだ。

そんな昔から家計簿を作っていたのですか。

 有史以来、会計は家庭、そして企業、国家の運営になくてはならないツールだった。その歴史の中で最も重要な出来事は複式簿記[3]の発明だ。

 誰が発明したのですか？

 14世紀のヴェネチアの商人たちだ。当時、北イタリアの商人たちは、銀行や個人からお金を調達して中東やアジアとの貿易を盛んに行っていた。取引価格は、ブタ一匹が3フロリン、乗馬用のよい馬が20フロリン、女奴隷が60フロリンだったそうだ。今のお金にしたらどのくらいかは知らんがね。

 人身売買もあったのですね。でも、なぜ複式簿記が発明されたのですか？

 第三者からお金を預かり、そのお金で貿易を行ったからだ。

ブタ一匹が3フロリン、乗馬用のよい馬が20フロリン、女奴隷が60フロリンだった

---

3 複式簿記は、1つの取引内容と金額を、その原因と結果の観点から借方（左）と貸方（右）に振り分け記録してゆく帳簿の作成方法。最終的に借方と貸方の合計額は常に一致する。

貿易をするには、お金が必要なんですね。

 その通り。莫大なお金が必要だった。だが信用の置けない相手には、誰もお金を貸さない。

 確かに、お金の収支が曖昧では貸したくありませんよね。

 銀行や投資家から集めたお金を、どのように運用して、いくら儲けたかを証明できることが、商売人には求められたんだ。700年経った今でも、それは同じだけどね。

 そのお金の収支を記録するために、複式簿記が発明されたのですか？

 それが違うんだな。お金の収支だけなら単式簿記[4]でも可能だ。

 単式簿記って？

 家計簿だね。他に、国や自治体もお金の収支だけを記帳[5]していた。

 家計簿だって、お金の使い道は分かりますよね。

 たかだか20年前のことだが、東京都も単式簿記で決算をしていたんだ。つまり、現金の収支しか管理していなかったということだ。

 それがダメなんですか。

---

4 単式簿記は、取引を現金だけで記録・集計する記帳法。例えば、銀行から現金を借りた場合、単式簿記では単に現金の増加として現金帳に記帳する。

5 政治資金収支報告書も単式簿記で作成されている。興味のある方は総務省のホームページを参照。

東京国際フォーラム1600
億円の資産は帳簿に載って
いなかった！

 1997年にオープンした有楽町にある東京国際フォーラムの建設コストはなんと1600億円だった。しかし、当時の帳簿にはその資産は載っていないんだよ。

 ホントですか⁉ 信じられません。

 単式簿記だからだよ。この事実を初めて問題にしたのが当時の石原慎太郎都知事だった。公認会計士の協力を得て、東京都は複式簿記を取り入れた。その結果、平成10年度の決算書に東京国際フォーラムの建物が1600億円として計上されるようになったんだ。

 単式簿記では、建物などの資産は帳簿に載らないんですね。

 単に、お金を建物に1600億円使ったとだけ記録されるに過ぎない。

> **単式簿記の記入例**
> 平成10年△月×日　支出　建物1600億円

 じゃあ、複式簿記は？

 現金を1600億円支払った見返りに1600億円の建物を手に入れた、と記入する。つまり、複式で次のように帳簿に記入するんだ。

> **複式簿記の記入例**
> 平成10年△月×日　建物1600億円／現金1600億円

 単式簿記では現金の支払いが載るだけで、資産が増えたことは帳簿には載らないのですね。

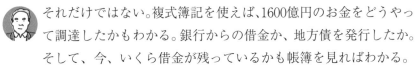 それだけではない。複式簿記を使えば、1600億円のお金をどうやって調達したかもわかる。銀行からの借金か、地方債を発行したか。そして、今、いくら借金が残っているかも帳簿を見ればわかる。

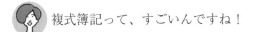 複式簿記って、すごいんですね！

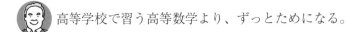 高等学校で習う高等数学より、ずっとためになる。

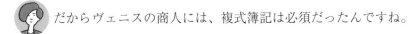 だからヴェニスの商人には、複式簿記は必須だったんですね。

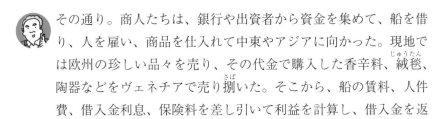 その通り。商人たちは、銀行や出資者から資金を集めて、船を借り、人を雇い、商品を仕入れて中東やアジアに向かった。現地では欧州の珍しい品々を売り、その代金で購入した香辛料、絨毯（じゅうたん）、陶器などをヴェネチアで売り捌（さば）いた。そこから、船の賃料、人件費、借入金利息、保険料を差し引いて利益を計算し、借入金を返

済して最後にこれを出資者に分配した。

 長い航海だったでしょうし、集めたお金だって半端なく多いはず
ですよね。どんぶり勘定じゃあ銀行も出資者もお金を出しません
よね。

 そこなんだよ。預かったお金と購入した商品をしっかり管理し、
利益を正しく計算して、残りの余剰金を出資者に分配する。こん
なふうにね。

> 銀行や出資者からお金を預かる→預かったお金で商品を購入する
> （ヴェニス）→購入した商品を高値で売る（ペルシャ）→ペルシャ
> で買った商品をヴェニスで高値で売る→費用を精算し、借入金を返
> 済する→余剰金を出資者に分配する。

 そうか、お金を出資する方からすれば、家計簿みたいにお金の収
支を帳簿に記入するだけでは不十分なんだ。

 その通り。お金の収支に伴って商品がどれだけ増減し、売上が増
え、どのような経費がかかったかが詳らかにできなければ、大切な
お金を安心して預けられない。

 よくわかります。

 商人にとっても、貿易全体の儲けがわからないと、出資者にいく
ら分配していいか決められない。そこで商人たちによって発明さ
れたのが複式簿記だった。

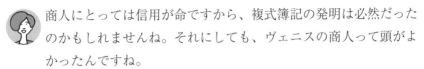
商人にとっては信用が命ですから、複式簿記の発明は必然だったのかもしれませんね。それにしても、ヴェニスの商人って頭がよかったんですね。

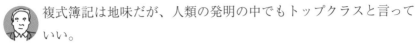
複式簿記は地味だが、人類の発明の中でもトップクラスと言っていい。

その複式簿記が発明されたのは14世紀ですか。日本では、足利尊氏が室町幕府を開いたのが14世紀（1336年）だからずいぶん昔の話ですね。

その後、イタリアのフィレンツェでは土地の所有者や商人に対して、複式簿記による帳簿の作成が法律で義務付けられていたんだ。税金を取るためだったらしい。君はメディチ家を知っているかね。

もちろんです。フィレンツェの大富豪で芸術家を育てた財閥です。

なかでも、最も知られている人物がコジモ・デ・メディチ（1389－1464）だ。彼は、父親から引き継いだ銀行事業を国際事業に発展させ、メディチ家をヨーロッパ最大の富豪に押し上げた。

私、肖像画を見たことがあります。

その彼が大成功を治めることができたのは、他でもない、複式簿記に基づいた会計情報を経営に巧みに活かしたからだ。会計を使うことで、メディチ家が有する

コジモ・デ・メディチ

全ての資産と負債を掴むことができた。そして、どの事業が儲かっていたかも掴んでいたんだ。

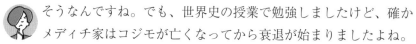

そうなんですね。でも、世界史の授業で勉強しましたけど、確かメディチ家はコジモが亡くなってから衰退が始まりましたよね。

複式簿記による会計は、ピエロ（1416年－1469年）、ロレンツォ（1449年－1492年）に受け継がれた。だが、会計が経営の必須の情報であることの意識が薄らいでしまったんだ。

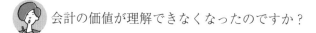

会計の価値が理解できなくなったのですか？

そうだね。会計は使用人の仕事と思ったのだろう。会計に関心を払わなくなったことで、ヨーロッパ全域に広がったメディチ家の経営実態が掴めなくなった。それが衰退の原因と言っていいだろう。

そうですか。

100年あまりイタリアを中心に使われてきた複式簿記が世界に広がるきっかけとなったのは1494年だった。この年、数学者で修道士でもあったルカ・パチョーリ（1445年－1517年）によって『算術・幾何・比および比例全書（略してスンマ）』が出版されたんだ。

その本はマニア向けだったんじゃありませんか？　パチョーリなんて聞いたことないです。

パチョーリを侮ってはいけない。彼を尊敬し、教えを乞うた偉人は大勢いたんだ。その一人が、レオナルド・ダ・ヴィンチ（1452年－1519年）だ。

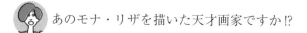

あのモナ・リザを描いた天才画家ですか!?

彼は芸術にとどまらず、医学、建築、化学、天文学、軍事技術等にも卓越した万能の天才だった。パチョーリはレオナルド・ダ・ヴィンチに数学と複式簿記を教えた。「最後の晩餐」を描く時、透視図法と比例についてパチョーリから学んだと言われている。

レオナルド・ダ・ヴィンチ

パチョーリがあの大天才に数学を教えたのですか。そんなに凄い人だったんですね。

逸話はこれだけではない。もう1つだけ教えておこう。君は18世紀に活躍したヨハン・ヴォルフガング・フォン・ゲーテ（1749年－1832年）を知っているね。

ゲーテですよね。ドイツの誇る文豪です。こう見えても私、文学部卒ですから。

ゲーテは詩人、劇作家、小説家、自然科学者、政治家、法律家だった。知っていたかね。

初めて聞きました！　彼もまた万能の天才だったんですね。

君は頼りにならない学士だね。その天才が書いた『ヴィルヘルム・マイスターの修業時代』の中で、主人公にこんな事を言わせている。

ヨハン・ヴォルフガング・フォン・ゲーテ

「真の商人の精神ほど広い精神、広くなくてはならない精神を、ぼくは
ほかに知らないね。商売をやってゆくのに、広い視野をあたえてくれる
のは、複式簿記による整理だ。〈中略〉複式簿記が商人にあたえてくれ
る利益は計り知れないほどだ。人間の精神が産んだ最高の発明の1つだ
ね。立派な経営者は誰でも、経営に複式簿記を取り入れるべきなんだ。」

『ヴィルヘルム・マイスターの修業時代（上）』

ゲーテ作　山崎章甫訳　第10章

万能の天才ゲーテが、主人公の言葉を借りて言っているんだよ。
君は、どう感じたかな。

ゲーテは複式簿記を使いこなしていたんでしょうね。

正確に言えば、ゲーテもコジモ・デ・メディチも複式簿記で作っ
た決算書を経営に活用していたということだ。

複式簿記って、社長こそが学ばなくてはならないのですね。がん
ばらなくちゃ。

その意気だ。だが、こんなことで驚いてはいけない。室町時代に
発明された複式簿記は700年たった令和の時代でも、ほぼ原型を
保ったまま会社の情報システムの中核として使われ続けているの
だ。

そんなに長い間ですか。なんだかため息が出ちゃいます。

複式簿記はお金の収支だけでなく、借入金と商品の増減も同時に管理できる

ヴェニスの商人たちのおかげで複式簿記が発達しました。さらに、会計を行う時に必要とされる、企業実体、貨幣価値評価、継続企業の3つの会計公準について説明します。

素朴な疑問

 先生、そもそも会計ってなんですか？

 商売の活動をお金に置き換えて記録し、その結果を伝える手段だ[6]。

 先生、もう少しやさしく教えてください！

 では、さっき話したヴェニスの商人のたとえを使って説明しよう。商人はお金を銀行から借り入れる。この時、受け取ったお金と借入金を複式で帳簿に記入する。そして、集めたお金を何に使ったかを記録する。例えばヴェネチアグラスを買ったとかね。

 お金の収支だけを記録する単式簿記ではないんですよね。

 その通り。**複式簿記はお金の収支だけでなく、借入金や商品などの増減も同時に管理できる。**さらに成果としてどれだけの利益が出たかがわかる。例えば、100万デュカットで買ったヴェネチアグラスを200万デュカットで売ったとかね。

---

6 難しく言えば「会社の経済活動を貨幣に置き換えて記録し計算し要約して、その結果を伝達する手段」のこと。

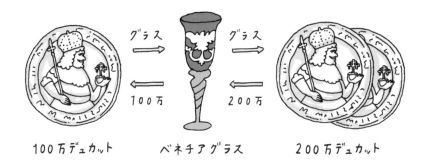

100万デュカットで買ったグラスを、200万デュカットで売る

 それなら、単式簿記でも分かりますよね。

 お金の収支だけはね。でも、商品である100万デュカットのグラスが減って、代わりにお金が200万デュカット入金したことは帳簿には載らない。

 お金以外の動きも帳簿に書き入れるんだ。

 そういうことだ。そして、最後に銀行や出資者などお金を出してくれた人たちに一連の活動を報告する。嘘や偽りのないことを証明するためにね。これが会計なんだ。英語ではアカウンティングという。

 そうか、だからアカウンタビリティを説明責任と訳すんですね。

 文学部卒はダテではなかったようだね。

 英語は得意科目ですから。ところで会計と複式簿記は同じですか？

まあ、そう考えていいだろう。

 複式簿記がちょっとだけわかったみたいです。

 それは嬉しいね。

3つの会計公準

 ところで君はユークリッド幾何学の第一公準を知っているかね。

 また、難しいことを……。数学は苦手なんです。

 まあまあ。知らないからと言って、恥ずかしく思う必要はない。

 そう言っていただけると、安心してレクチャーを受けられます。

 この第一公準は「与えられた2点を結ぶ線分を1本だけ引くことができる」というものでね。理論を構築する上で証明する必要のない基礎的前提のことだ。

 つまり、公準って、正しいとか間違いだとか考える必要はないのですか？

 その通り。会計にも代表的な3つの公準がある。これらは会計を行う上での基礎的前提だ。証明する必要はないが、これらが何を意味しているかは理解しなくてはならない。

 心配になってきました。私の大っ嫌いな数学の匂いがプンプンします！

 君は典型的な文系人間のようだね。

そうですけど。

 安心したまえ。会計は文系に向いている学問だからね。では早速見ていこう。

1．企業実体の公準
会社と家計のお金をごっちゃにしない。

会社のお金 | 家のお金

2．貨幣価値評価の公準
物や時間はすべて貨幣価値に置き換えて
決算書に載せる。
鉄板10トン⇒材料費60万円

3．継続企業の公準
会社は永遠に潰れない。これでは会社をやめるまで業績が決まらない。
そこで、1年で区切って決算を行う。

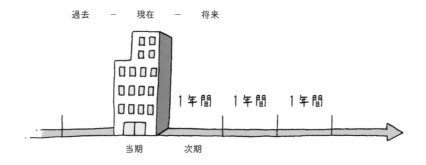

過去 — 現在 — 将来

1年間 1年間 1年間

当期 次期

企業実体の公準（公私混同を禁じる）

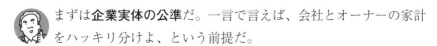
まずは**企業実体の公準**だ。一言で言えば、会社とオーナーの家計をハッキリ分けよ、という前提だ。

もう少し簡単に言うと？

公私混同はしないってことだね。ケーキ店でいえば、店のお金とオーナーの家のお金は別々にしなくてはいけない、ということだ。

つまり、家族との食事代を会社につけてはいけないということですか。

そうだね。会計は公私混同を禁じているんだ。君の会社は大丈夫だよね。

ちょっと心配です。

貨幣価値評価の公準（決算書は金額で表わす）

 2つ目は**貨幣価値評価の公準**だ。

 何でもお金に置き換えるってことですよね。

 そう。時間とか、面積とか、重量とかは対象にしない。

 ちょっとわかりません。何か、特別な意味があるのですか？

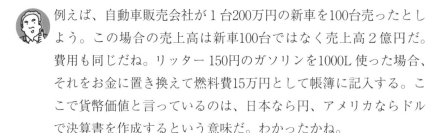 例えば、自動車販売会社が1台200万円の新車を100台売ったとしよう。この場合の売上高は新車100台ではなく売上高2億円だ。費用も同じだね。リッター 150円のガソリンを1000L 使った場合、それをお金に置き換えて燃料費15万円として帳簿に記入する。ここで貨幣価値と言っているのは、日本なら円、アメリカならドルで決算書を作成するという意味だ。わかったかね。

 はい。完璧です。

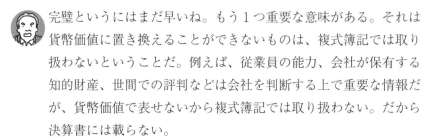 完璧というにはまだ早いね。もう1つ重要な意味がある。それは貨幣価値に置き換えることができないものは、複式簿記では取り扱わないということだ。例えば、従業員の能力、会社が保有する知的財産、世間での評判などは会社を判断する上で重要な情報だが、貨幣価値で表せないから複式簿記では取り扱わない。だから決算書には載らない。

 すべての商売を貨幣価値で表しなさいというだけで、いろいろと制約が出てくるんですね。

いいことを言うね。公準は前提であると同時に、制約でもあるんだよ。

継続企業の公準（会社は永遠に潰れない）

3つ目は**継続企業の公準**だ。

継続企業って、会社がずっと続くという意味ですか。

そう、永遠に潰れないという前提だ。だが、終わりがなければ会社の業績は永遠に確定しない。そこで、期間を1年で区切って業績を計算するんだ。これを決算という。

なぜ1年なのですか。2年でも3年でもいいと思いますけど。

その理由はボクにはわからない。地球の公転期間が1年だからかもしれないね。それに国も自治体も1年がワンサイクルだ。学校も1年で学年が変わる。たまには留年する学生もいるけどね。そして、会社も1年単位で決算して、業績を株主に報告し、国に税金を納める。つまり、1年単位をワンサイクルとすれば全てが噛み合って都合がいい。そんなところじゃないかな。

深く考えなくてもいいってことですか？

会計では1年という期間の区切りが大切なんだ。これは継続企業の公準から導き出された前提だから、深く考えずそういうものだと覚えておけばいい。

COLUMN 1

会計期間と
ビジネスサイクル

　アパレル業界のビジネスサイクルは春夏と秋冬の各6か月です。同様に自動車会社は4年から5年でフルモデルチェンジします。林業は50年経たないと植林した木は売り物になりません。つまり、業種によってビジネスサイクルはさまざまです。

　にもかかわらず、会計はいわば一方的に1年をワンサイクルとしています。また、上場企業は四半期（つまり3か月）毎に決算報告することになっています。このため、経営者は無理しても目先の結果を出そうとしがちです。つまりできる限り前倒しで利益を出そうとします。もちろんいい傾向ではありません。

　マネジメントという概念を発明した経営学者のピーター・ドラッカーは、こんなことを言っています。

「暦の上の区切りに経済的な意味や現実の意味があるかのように考える迷信的な手法……。ある経理畑出身の社長がいみじくもいっていたように、『事業年度という暴君』から自らを解放しないかぎり、合理的な事業のマネジメントは行えない」（『現代の経営』上巻7章より）

第 **2** 章

損益計算書（PL）の見方をマスターしよう！

［前編］

利益はまぼろしに過ぎない

損益計算書に
ダマされるな

会計の教科書を読み込んでも「利益の正体」がはっきり書かれていない
のはご存じでしょうか。この点が会計をわかりにくくしている原因の1
つです。本章は、この利益の正体について、わかりやすく説明します。

損益計算書とは何か？

今日取り上げる決算書は損益計算書（P/L）だ。もちろん、見た
ことはあるよね。

もちろん、私、総務部長ですから。といっても、会計事務所から
送られてきた書類をコピーして、社長や役員に渡すだけですけ
ど。

君は名ばかりの部長だね。

そうですか？　父は「会社経営は売上と利益を見ていれば十
分」って言うんです。面倒な決算の仕事は経理部長と税理士に任
せておけばいいって。

君もそう思っているのかね？

昨日までは。でも、先生からゲーテの話を聞いて、会計がそんな
単純ではなさそうだって思えてきました。

多少会計の重要性がわかってきたようだね。

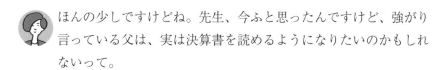 ほんの少しですけどね。先生、今ふと思ったんですけど、強がり言っている父は、実は決算書を読めるようになりたいのかもしれないって。

 なるほど。その心は？

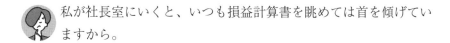 私が社長室にいくと、いつも損益計算書を眺めては首を傾げていますから。

それは聞き捨てならないね。会社の業績は悪いのかね。

いいえ。ここ数年赤字になったことはありません。[7]

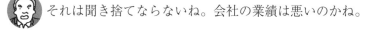 損益計算書の数字は問題ないのに、社長である君のお父さんには何か腑に落ちないことがある。税理士に聞いても腹落ちする説明はしてくれない。そんなところだろう。

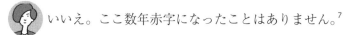 先生、**利益が出ているのに経営が苦しい**ってことはあるのですか？

珍しい話ではない。それが**損益計算書の罠**なんだよ。だが、多くの経営者はその罠を知らない。

▎利益って何ですか？

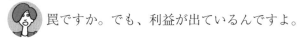 罠ですか。でも、利益が出ているんですよ。

 君は利益をなんだと思っているの？

7　国税庁の調べによると、平成29年度の赤字法人の割合は、「出版印刷業」74.8％、「繊維工業」74.4％、「料理飲食旅館業」73.3％、「小売業」70.6％、「食料品製造業」70.3％までが赤字割合が7割を超えており、最も低い業種は「建設業」の57.2％だった。

お金ですけど。

つまり、君は損益計算書の利益が100万円だとしたら、会社の預金も100万円増えると考えているんだね？

違いますか？

残念ながら、違うんだな。

えっ！　利益ってお金じゃないのですか？　父は「利益はお金」だと信じていますけど。

なるほど。おそらく利益が出ているのに税金を支払うお金がない。それで悩んでいるんだね。

よくわかりませんけど、そうかもしれません……。

利益とお金は別物であることを知らない経営者は多いんだよ。君のお父さんだけじゃない。

利益がお金でないとしたら、何なのでしょうか？

幻想だよ。

幻想って、まぼろしのことですか？

その通り。正真正銘のまぼろしだ。だが、まぼろしと言っても、実はその意味はバイカル湖のように深い。とりあえず、その説明

は横に置いておくとして、実際の損益計算書を見ていこう。

損益計算書はこうなっている

図 2 - 01 損益計算書のフォーマット

損益計算書
自20X0年4月1日至20X1年3月31日　　　単位：百万円

売上高	30,226	①（期間収益）
売上原価	24,782	②（期間費用）
売上総利益	5,444	①-②=③（期間利益）
販売費・一般管理費	2,976	④（期間費用）
営業利益	2,468	③-④=⑤（期間利益）
営業外収益	1,000	⑥（期間収益）
営業外費用	530	⑦（期間費用）
経常利益	2,938	⑤+⑥-⑦=⑧（期間利益）
特別利益	100	⑨
特別損失	400	⑩
税引き前当期純利益	2,638	⑧+⑨-⑩=⑪（期間利益）
法人税等	754	⑫
税引き後当期純利益	1,884	⑪-⑫（期間利益）

 先生、いきなりですか。何だか頭痛がしてきました…。

 面食らうのは仕方がないことだ。だがね売上高と当期純利益が損益計算書の全てではないんだよ。君に知ってもらいたいのは、この決算書が情報の宝庫ということだ。当然、それなりに複雑にはなる。

正直言って、見当もつかないし、興味もありませんでした。

情報を読み取ろうとする強い気持ちがないと、単なる数字の羅列としか見えない。「心ここにあらざれば見れども見えず」と言うじゃないか。

私みたいな会計の知識がゼロの素人でも読めるようになりますか？

もちろんだよ。図2-01をよく見てくれないか。網かけの部分が損益計算書の利益だ。

売上総利益、営業利益、経営利益などですね。

それから、損益計算書の利益は1年間とか1か月といった一定期間の利益のことだ。継続企業の公準で説明したのを覚えているね。

そうでしたね。うっかり忘れるところでした。

期間利益はどうやって計算するか。それは、期間収益（売上）から期間費用を差し引くんだ。問題は、期間収益と期間費用は別々に計算するという点だ。

例えば、売上総利益は売上高から売上原価を差し引いて計算するのですね。

その通り。寒暖計を使って期間利益の意味をもう少し詳しく説明

しよう。

図2-02 期間収益と期間費用は別々に計算する

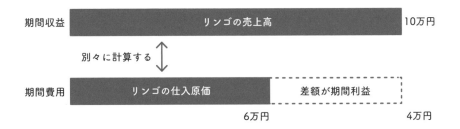

期間収益　リンゴの売上高　10万円

別々に計算する

期間費用　リンゴの仕入原価　差額が期間利益

6万円　4万円

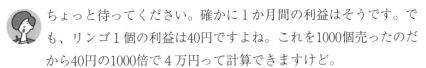

1か月にリンゴ1000個を6万円（1個60円）で仕入れて、全てを10万円（100円×1000個）で売ったとする。上の温度計が1か月間の売上金額である期間収益10万円を表している。下の温度計は同じく1か月間に販売したリンゴの仕入原価である期間費用6万円を表したものだ。では、この期間の利益はどのようにして計算すればいいか。答えは簡単だ。上の金額から下の金額を差し引けばいい。

ちょっと待ってください。確かに1か月間の利益はそうです。でも、リンゴ1個の利益は40円ですよね。これを1000個売ったのだから40円の1000倍で4万円って計算できますけど。

商品毎の利益はね。だが、損益計算書の利益（つまり期間利益）は期間収益と期間費用を別々に計算して差額で求めるんだ。

商品毎の利益の合計も、一定期間の売上高から同じ期間の費用を引いても、結果は同じことのように思えるのですけど。

それが違うんだよ。

わかりません。

 こういうことだ。店頭に並べたリンゴの中には腐ったり、落下して売れなくなったものもある。例えば仕入れた1000個のうち10個廃棄したとする。仕入れたリンゴは1000個だが、売れたのは990個だ。

 腐ったリンゴを買ってくれるお客様なんていませんものね。

 その通り。だが腐ったリンゴでもその仕入代金は売上原価（期間費用）に含まれる。しかし腐ったリンゴは売れないから売上高（期間収益）とはならない。売上高にはならないが売上原価には含まれる。そこで、1か月間の売上と費用は別々に計算するわけだ。

図2-03 仕入れたリンゴと実際に売れたリンゴを別々に計算する

腐ったリンゴ10個

実際に
売れたリンゴ　　　　　　　　　　　　　　　　990個

　　　　　　期間収益　990個×100円=9万9000円

仕入れた
リンゴ　　　　　　　　　　　　　　　　1000個

　　　　　　期間費用　1000個×60円=6万円

 リンゴの利益だけを合計しても、1か月間の利益とはならないんだ。

 そこまでは理解できたようだね。では、もう1つ注意すべき点を説明しよう。期間収益も期間費用も一種類じゃないんだ。例えば、期間費用にはリンゴの売上原価だけではなく、その期間に支払っ

た給料、交通費、電気代などの販売費及び一般管理費や支払い利息などの営業外費用も含まれる。もう一度、損益計算書を見てごらん（図2-01）。

期間収益も売上高だけでなく、営業外収益も含まれています。

その通り。預金の受取利息とか配当金といった商売以外の収益も含まれるんだよ。

そうか。期間収益と期間費用にいくつも種類があるから期間利益も1つじゃないってわけですね。

そういうことだ。損益計算書の大枠は理解できたかな？

はい、なんとか。

損益計算書は、
その１年間の価値の
増減を表している

損益計算書は、分解すると①期間収益、②期間費用、③期間利益の３つの要素から成っています。この３つの関係をしっかり理解しましょう。

収益って利益のことですか？

 ものすごく初歩的な質問ですけどいいですか？

 もちろんだ。

 笑わないでくださいね。

 ボクはいつも真剣だよ。笑ったりしない。

 じゃあ質問します。さっき先生は、収益は売上高と営業外収益だと言われましたけど、収益って利益のことではないのですか？

 プッ……おっと、つい吹き出しそうになってしまったではないか。

 もう！

 これは失敬。乱暴な言い方をすれば収益は売上のことで、利益は売上と費用の差額だね。

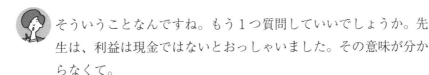 そういうことなんですね。もう1つ質問していいでしょうか。先生は、利益は現金ではないとおっしゃいました。その意味が分からなくて。

君が言う利益は損益計算書で表されている税引き後当期純利益のことだね（図2-01）。

 はい。そうです。

つまり、君は税引き後当期純利益が100万円だったとして、その期間に現金が100万円増加するのではない、という理由がわからないんだね。

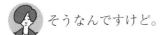 そうなんですけど。

▌期間利益はその期間に生成された価値のこと

利益がお金でなければ何なのですか？

1年間で会社が「**生成した価値**」だ。

「**生成した価値**」って、「新たに作った価値」という意味ですか？

その通り。例えば1か月間で1000人分のパンケーキを作り全て売ったとしよう。一食あたりの費用を300円、売上代金を1000円とすると、1か月間の期間費用は30万円で、期間収益（売上高）は100万円だね。この差額が1か月間に生成された価値ということになる。

つまり期間利益ですね。

図2-04 期間利益はその期間に生成された価値のこと

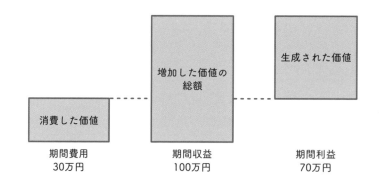

| 消費した価値 | 増加した価値の総額 | 生成された価値 |

期間費用　　　　　　　　期間収益　　　　　　　　期間利益
30万円　　　　　　　　100万円　　　　　　　　70万円

期間収益とは

 ここで考えてほしいのは、期間収益は「増加した価値の総額」であって1か月間に現金が100万円入金されたわけではない、ということだ。

 よく理解できないのですけど。

 リンゴをスーパーに卸している会社ならどうだろう。今月の売上代金は翌月以降に入金されるね。

 確かに。うちの会社も売上代金のほとんどは翌月入金です。

 そうだよね。会社側から見ると、商品は客に渡されているから、もはや手元にはない。その代わりに商品は売掛金に変わる。

その売掛金が現金なのでは？

 それが違うんだな。ちょっと難しい説明になるけど、会社が商品と交換に手にするのは「代金の支払いを要求する権利」、つまり売上債権で、これが売掛金だ。顧客が代金を支払うまでその権利は消えない。

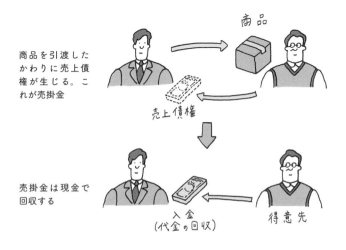

商品を引渡したかわりに売上債権が生じる。これが売掛金

売掛金は現金で回収する

 商売って法律で守られているんだ。知らなかった。

 売上債権は強力な権利だからね。食い逃げは許されない。

 ここまでの説明は理解できたかな？

 えっと……。

売上高はその会社が作り出した価値の総額であり、売掛金は顧客がその価値に対して支払うことを約束した金額なのだよ。これを複式簿記では次のように仕訳で表すんだ。

売掛金　100万円　　　／　　　売上高　100万円
（顧客が支払いを約束した金額）　　　（会社が作り出した価値の総額）

＝　　　　　　　　　　　　　　　＝

B/S に反映　　　　　　　　　　　　P/L に反映

売掛金は貸借対照表（B/S）に、売上高は損益計算書（P/L）に反映される。

仕訳の意味はわかりませんが、これまでの知識が繋がりました。損益計算書の売上高の金額は、お客様が商品に対して認めた価値の大きさであって、同時にお客様がお金を支払うと約束した金額でもあるんですね。つまり代金が入金されたかは関係ない。

その通り。

営業外収益も同じですか？

受取利息はお金を銀行に貸すことで、契約に基づいて新たに生成する価値だから売上高と同じと考えていい。

期間費用とは

次は期間費用を考えてみよう。パンケーキ店の商売をするには、食材、従業員、お店、電力、水が必要だ。では、費用はいつ生じるだろう。

代金を支払った時ではないのですか？

違うんだな。会計では、これらの価値を消費した時に費用となる。例えば消費した材料が材料費、消費した時間が労務費、消費した電力量が光熱費といったようにね。

私、材料費、労務費、経費って、それらに支払ったお金のことと思っていましたけど、違うのですね。

消費と支払いのタイミングは同じではないからね。

消費した価値って、使った価値と言い換えてもいいでしょうか。こちらのほうが私にはわかりやすいかも。

その考えでいい。パンケーキ店で言えば、一定期間で使った食材の量、従業員が働いた時間、そして使った電力量などを金額に置き換える。これが期間費用だ。つまり、期間費用は一定期間で消費した価値の総額であって支払ったお金ではない。

期間利益とは

そうか、期間収益が増加した価値で、期間費用は消費した価値なんだ。それぞれ別々に計算するということは、これらの対応関係はない、ということですか？

君はいいことに気づいたね。売上と売上原価は完璧とは言えないものの対応関係はある。

そうですよね。りんごの例のように別々に計算しても対応はして

ますよね。

図2-05 期間収益、期間費用、期間利益とは

だが、給与、広告費などの期間費用と期間収益（売上）との対応関係は曖昧だ。

えっ、どういうことですか？

営業担当が頑張って得意先に商品を売り込んでも、その努力がその会計期間の成果に現れるかはわからないよね。次の会計期間に注文が舞い込むかもしれないし、全くの無駄に終わるかもしれない。広告費も同じように考えることができるね。

確かに。うちの会社ではたまに新聞やラジオで広告をするのですが、すごい反応があったかと思えば、全くなかったりと様々です。

つまり、価値を消費しても、価値が増加するとは限らないというわけだ。経営学者のピーター・ドラッカーは興味深いことを言っている。

コストの90％は業績を生まない90％から発生する。業績とコストとは関係がない（『創造する経営者』）

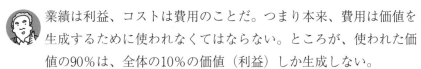 業績は利益、コストは費用のことだ。つまり本来、費用は価値を生成するために使われなくてはならない。ところが、使われた価値の90％は、全体の10％の価値（利益）しか生成しない。

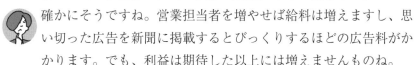 確かにそうですね。営業担当者を増やせば給料は増えますし、思い切った広告を新聞に掲載するとびっくりするほどの広告料がかかります。でも、利益は期待した以上には増えませんものね。

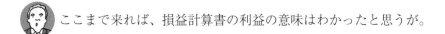 ここまで来れば、損益計算書の利益の意味はわかったと思うが。

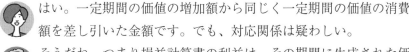 はい。一定期間の価値の増加額から同じく一定期間の価値の消費額を差し引いた金額です。でも、対応関係は疑わしい。

そうだね。つまり損益計算書の利益は、その期間に生成された価値の大きさを表しているのであって、同額のお金が増えたというわけではない。

期間収益（価値の増加）－期間費用（価値の消費）
＝期間利益（生成した価値）

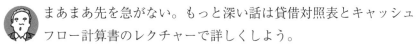 利益ってお金の額だと思っていましたけど全然違うんですね。そもそも期間収益が現金入金ではありませんものね。だんだんわかってきました。もっと知りたいんですけど。

まあまあ先を急がない。もっと深い話は貸借対照表とキャッシュフロー計算書のレクチャーで詳しくしよう。

カットオフとは何か？

　期間利益を信じることの危険性について、経営学者のピーター・ドラッカーは「会計学の二年生でさえ損益計算書は化粧できる（『明日を支配するもの』）」と言っています。その理由は、当期の費用を次期に先送りしたり、あるいは次期の売上を当期に先取りすることで、当期の期間利益は増加するからです。しかも、その方法は帳簿を操作するだけです。例えば３月決算の会社が、４月１日の納品分を３月31日の売上として会計処理すれば、期間収益は増えて、期間利益は過大に計上されます。このように期間利益計算では、個別の収益や費用がどの会計期間に帰属するかを見極めることが重要なのです。

　そこで会計監査ではカットオフ手続きが行われます。カットオフとは切断とか遮断といった意味ですが、会計監査では期間帰属と訳され、さまざまな取引が当該会計期間に属するものであるか否かを具体的に確認していく手続きです。

　典型的には、決算期末の入出庫の締切処理手続の妥当性の検証があります。すなわち「入出荷部門でたな卸基準日の前後の入出荷の記録を査閲し、後日、売上高の計上又は仕入高（又は製造費用）の計上、あるいは債権又は債務の計上と照合できる資料を入手又は作成する」ことで期間帰属を検証します。（出所：監査マニュアル作成ガイド　日本公認会計士協会）

第 **3** 章

損益計算書(PL)の見方をマスターしよう！
[後編]

費用の90％はたった10％の利益しかもたらさない

会計は価値の増加が確定したタイミングを重視する

損益計算書の期間収益は、会社において一定期間に増加した価値で、期間費用は、その会計期間に消費した価値でしたね。今回は、もう1つ特別な費用である減価償却について学びます。

▌ 3月31日に納品した商品の売上は、いつ計上されるの？

では、前半の復習から始めよう。会社が商品を顧客に売ることで、それまで幻想だった価値は現実となる。このことから、期間収益は1年間に増加した価値の総額ということができる。

つまり、会社が作った商品の価値が「実現」したのですね。

君は会計の才能があるね。

才能だなんて、おだててもダメですよ。

会計では増加した価値が確定することを「実現」というんだよ。

そうなんですか。

売上高には、商品だけではなく、サービスも含まれる。例えばテーマパークの入場料、病院の診療報酬もそれぞれの会社の売上だ。

わかりました。でも、なぜ価値が確定した時点にこだわるのでしょうか。

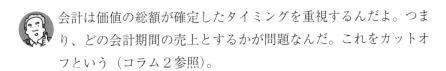 会計は価値の総額が確定したタイミングを重視するんだよ。つまり、どの会計期間の売上とするかが問題なんだ。これをカットオフという（コラム2参照）。

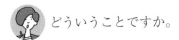 どういうことですか。

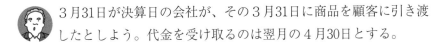 3月31日が決算日の会社が、その3月31日に商品を顧客に引き渡したとしよう。代金を受け取るのは翌月の4月30日とする。

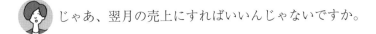 じゃあ、翌月の売上にすればいいんじゃないですか。

商品は3月31日に顧客のものになっているんだよ。しかも、その商品の代金を支払うことを請求できる権利（売掛金）を持っている。もしも売上計上のタイミングを代金の入金時点だとすると、売上高は価値の増加とは関係のない次の会計期間に計上されてしまう。そんな損益計算書は会社の業績を正しく表しているとはいえないよね。

そうか。損益計算書の期間収益は会社が一定期間で増加した価値の総額だから、商品の売上は代金を入金した翌期の4月30日ではなく、商品が売上債権に変わった今期（3月31日）でなくてはならないんですね。

その通り。もしも入金日に売上高を計上するとした場合、顧客が売上代金を支払わない限り、いつまで経っても売上高は計上されないことになる。これでは営業活動の成果を損益計算書に表現できない。

よくわかりました。でも、売上代金を払わないって、すごく悪質ですね。

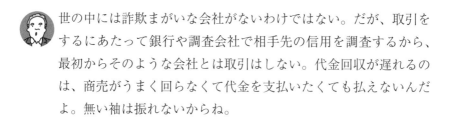

世の中には詐欺まがいな会社がないわけではない。だが、取引をするにあたって銀行や調査会社で相手先の信用を調査するから、最初からそのような会社とは取引はしない。代金回収が遅れるのは、商売がうまく回らなくて代金を支払いたくても払えないんだよ。無い袖は振れないからね。

そうなんですね。

減価償却は特殊な費用

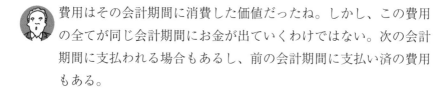

費用はその会計期間に消費した価値だったね。しかし、この費用の全てが同じ会計期間にお金が出ていくわけではない。次の会計期間に支払われる場合もあるし、前の会計期間に支払い済の費用もある。

電気料は後払いですし、家賃は前払いですものね。

それと、もう1つ特殊な費用を知っておく必要がある。

なんでしょうか？

減価償却だ。減価償却は会計が社会科学に貢献した最大の成果と言っていい。

なんだか大げさですね。

例えばリニア中央新幹線の工事費予算は約9兆円とされている。開業は2027年の予定だ。もしも減価償却をしないとしたら、すべ

ての工事費は投資した年の費用となってしまう。だが、90年間使うのなら、この投資は90年間の収益に貢献するのだから、毎年1000億円ずつ費用にすべきことになる。

図3-01 減価償却の原理

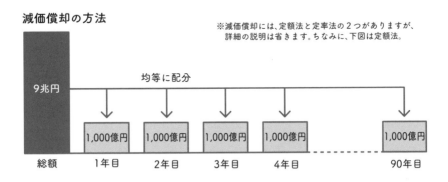

減価償却の方法

※減価償却には、定額法と定率法の2つがありますが、詳細の説明は省きます。ちなみに、下図は定額法。

9兆円 ── 均等に配分 ──

	1,000億円	1,000億円	1,000億円	1,000億円	1,000億円
総額	1年目	2年目	3年目	4年目	90年目

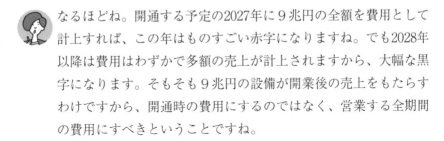 なるほどね。開通する予定の2027年に9兆円の全額を費用として計上すれば、この年はものすごい赤字になりますね。でも2028年以降は費用はわずかで多額の売上が計上されますから、大幅な黒字になります。そもそも9兆円の設備が開業後の売上をもたらすわけですから、開通時の費用にするのではなく、営業する全期間の費用にすべきということですね。

 その通り。設備投資は会社の当期の業績とは関係がないからね。

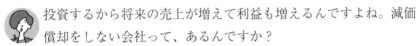 投資するから将来の売上が増えて利益も増えるんですよね。減価償却をしない会社って、あるんですか？

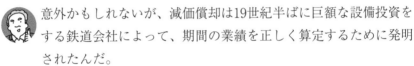 意外かもしれないが、減価償却は19世紀半ばに巨額な設備投資をする鉄道会社によって、期間の業績を正しく算定するために発明されたんだ。

ということは、ヴェニスの商人は減価償却をしていなかったのですか。

 そういうことになるね。

損益計算書を棒グラフで表現する

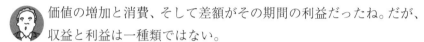 価値の増加と消費、そして差額がその期間の利益だったね。だが、収益と利益は一種類ではない。

では、損益計算書がどのような構造になっているかを詳しくみていくことにしよう。売上高と売上原価の差額が売上総利益だ。売上高と売上原価はほぼ対応関係にあることはわかるね。

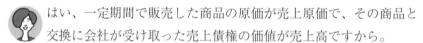 はい、一定期間で販売した商品の原価が売上原価で、その商品と交換に会社が受け取った売上債権の価値が売上高ですから。

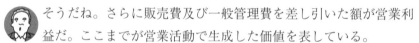 そうだね。さらに販売費及び一般管理費を差し引いた額が営業利益だ。ここまでが営業活動で生成した価値を表している。

 営業部に元気がないと営業利益は減ってしまうということですか。

 まあ、そう考えていいだろう。ここで重要な点は、**販売活動や管理活動が、売上高と営業利益をもたらす**ということだ。ここでドラッカーの言葉を思い出して欲しい。コストの90％は利益を生まないんだ。だが、損益計算書は売上高から販売費と一般管理費を差し引いている。つまり、結果をもたらしていない販売費や一般管理費も、すべて売上高から差し引いている。おかしいとは思わないか。

図3-02 損益計算書を棒グラフで表現してみると…

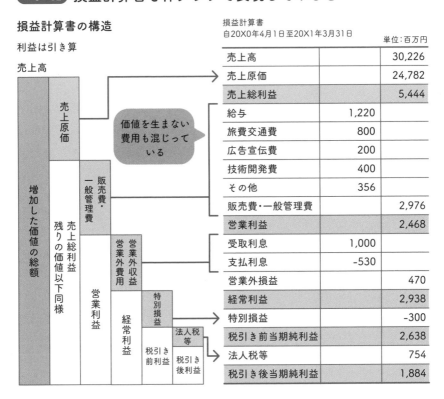

損益計算書の構造

利益は引き算

損益計算書
自20X0年4月1日至20X1年3月31日

単位:百万円

売上高		30,226
売上原価		24,782
売上総利益		5,444
給与	1,220	
旅費交通費	800	
広告宣伝費	200	
技術開発費	400	
その他	356	
販売費・一般管理費		2,976
営業利益		2,468
受取利息	1,000	
支払利息	-530	
営業外損益		470
経常利益		2,938
特別損益		-300
税引き前当期純利益		2,638
法人税等		754
税引き後当期純利益		1,884

価値を生まない費用も混じっている

 さあ、先生の質問の意味がわかりません……。

 いいものを作って、販売努力を行い、会社全体の統制をとることで会社の売上は増えて、利益も増えるんじゃないかな。

 そう思いますけど。

 だが、損益計算書は会計期間の売上高と会計期間の費用を別々に計算して、その差額を期間利益としているにすぎない。しかも、

費用をかけるほど、利益が増えるわけではない。

 そうか。それがドラッカーの言葉の意味ですね。

 その通り。費用の90％は結果として10％の利益しかもたらさないのに、それがどのように使われたのかは損益計算書からではわからないんだ。もっと上手に費用を使ったら利益はもっと増えるはずなのに。経営者も、経理責任者も、会計専門家の誰もその点に気づいてはいない。

 そういうことなんですね。

損益計算書の
利益の中で最も重要な
営業利益

売上高総利益と売上高総利益率、営業利益と営業利益率、経常利益と経常利益率、当期利益について説明します。営業利益率が低いということは、販売や管理の活動にムダが多いことを表しています。

▌ 売上高総利益と売上高総利益率

 損益計算書の着眼点は利益と利益率にある。最初に、売上高総利益と売上高総利益率について説明しよう。当期の売上高から売上原価を引いた金額が売上高総利益。そして、この売上高総利益を売上高で割った値が売上高総利益率（粗利率）だ。

> 売上高総利益＝売上高－売上原価

> 売上高総利益率＝売上高総利益÷売上高×100

 これらはどのような意味があるのですか？

 一言でいえば「**商品力**」だね。会社の商品が価値を生み出す力を表している。同じ業種であれば、商品力が勝る会社ほど高い価格で売れる。

 ルイ・ヴィトンのバッグが、無名の会社が作るバッグより高いのは「商品力」が高いからですか。

その通り。商品力は品質、デザインの優秀さ、それから商品の歴史と伝統を反映している。メルセデス・ベンツやロレックスの価格が高いのも、同業他社と比べて商品力が優っているからだ。その価値が顧客を惹きつけるわけだ。

特に、売上高総利益率を比較すれば会社間の商品力の違いがはっきりわかる。

 便利ですね。

 だがこの比率は万能ではない。商品力はあくまでも同業種間の比較であって、異業種間で比較するものではない。

 どういうことですか？

 一例をあげれば、王将フードサービスの売上高総利益率は約63％で、トヨタ自動車は約18％だ（ともに2019年度）。だからといって、餃子定食がレクサスより優れているわけではない。そもそも比較することに意味がない。

 それは、そうですよね。

営業利益と営業利益率

 説明を続けよう。売上高総利益から販売費と一般管理費を差し引いた差額が営業利益だ。これは商売をすることで生成した価値を表している。商売の成果と言ったらわかりやすいかな。**損益計算書の利益の中で最も重要なのがこの営業利益**だ。

売上高総利益よりも重要ですか？

 売上高総利益は販売活動や管理活動の成果を反映していない。商売の成果を表すのは、あくまでこの営業利益なんだ。売上高に対する営業利益の割合である営業利益率も重要だ。

 営業利益と営業利益率では、意味が異なるのでしょうか？

 営業利益は１年間の商売の成果であり金額で表される。しかし金額では商売が効率的に行われたかどうかはわからない。つまり「営業力」はわからない。そこで営業利益率が役に立つ。

> **営業利益率（営業力）＝営業利益÷売上高×100**

 営業力って、商売上手という意味でしょうか？

 いい表現をするね。営業利益率が低いというのは、販売や管理の活動にムダが多いことを表している。

 質問ですけど、売上高総利益率が高いほど、営業利益率は高くなると考えていいでしょうか？

 そうくると思ってね。こんな実例を用意しておいたよ。

図3-03 売上高総利益が多くても
営業利益が少ない三城ホールディングス

三城ホールディングス　　　　　　　　　　　　　　　　単位:百万円

	2018年4〜6月	2019年4〜6月
売上高	12,360	12,252
売上原価	4,154	3,903
売上高総利益	8,476	8,348
売上高総利益率	67%	68%
販売費及び一般管理費	8,197	8,069
営業利益	278	279
営業利益率	2%	2%

たった2%

この会社は高級メガネチェーンを全国で展開している。損益計算書から、この会社の販売効率がいかに悪いかがわかるだろう?

本当ですね。売上高総利益率が68%もあるのに、営業利益率はたったの2%!　メガネって販売費や管理費がかかるのですね。

直営店を展開しているからね。売上高総利益の多さは魅力だけど、商品を顧客に届ける販売活動と管理活動に、せっかく増やした価値を使い果たしてしまっている。

販売費や管理費がかかるって、具体的にどのような状態なのでしょうか?

まず直営店の人件費や賃借料が多いことだ。それから直営店を束ねる費用、つまり管理費もバカにならない。それに流行遅れの売れ残り品の処分や、クレームの処理にも費用がかかる。だから売上高総利益が多くても、結果として営業利益はほとんど残らない。

トヨタと日産は技術力が違うのか?

具体例で説明していただけると興味が湧きます。

もう１つ興味深い実例をお見せしよう。この２社の損益計算書を見比べてみよう。

図3-04 **営業利益率で差があるトヨタと日産**

単位：十億円

	トヨタ	日産
	2018／4-19／3	2018／4-19／3
売上高	30,225	11,574
売上高総利益	5,444	1,903
売上高総利益率	18%	16%
営業利益	2,467	318
営業利益率	8%	3%
当期純利益	2,493	310
当期純利益率	8%	3%

大差はないのに……

ここで差がついている！

トヨタと日産ですね。父は日産の大ファンでした。でも、トヨタに水をあけられる一方で、とても残念がっています。

日産車の性能は今でも世界のトップクラスだ。だからというか、売上高総利益率はそれほどの差はない。「商品力」の差はないと言えるだろうね。だが営業利益率は極端に劣っている。ここから「営業力」が劣っているということがわかる。

経常利益と経常利益率

営業利益が本業の利益を表すのに対して、営業利益に本業以外の財務活動で生じた営業外収益と営業外費用を増減した利益が経常利益だ。そして経常利益を売上高で割った値が経常利益率。会社が正常な状態で利益を稼ぐ力、つまり「経常的な収益力」を表している。

経常利益＝営業利益＋営業外収益－営業外費用
経常利益率＝経常利益÷売上高×100

 経常的ということは、特別ではないということですね。

そういうことだ。突発的な損益は特別損益に載せることになっている。君に聞きたいことは、なぜ営業利益と経常利益を分けているのか、その理由だ。

その前に、営業外収益と営業外費用には具体的にどのようなものがあるのでしょうか。

営業外収益は預金の受取利息、株式の売却益だね。それから営業外費用は借入金や社債の支払利息、株式の売却損などだ。つまり財務活動から生じた損益だ。会社は本業を支えるために財務活動を経常的に行っているんだよ。お金が途切れたら商売も止まってしまうからね。

そうか。お金に余裕がある会社は株式で運用して利益を稼ぐでしょうし、余裕がなければ銀行から借金するってことですね。

それだけじゃない。借金を増やせば事業規模を拡大できる。利息を支払っても十分な経常利益を出していれば、借金が商売に貢献したと言える。逆に、支払利息が多く経常利益がマイナスの会社は、借金で調達したお金が十分な営業利益を生んでいない。

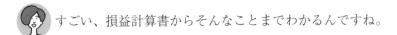 すごい、損益計算書からそんなことまでわかるんですね。

 その通り。いい借金と悪い借金があるんだよ。

 私、借金ってすべて悪だと思っていました。

素人の経営者はそう考えがちだ。この点については貸借対照表で詳しく説明しよう。

税引き前当期純利益

経常利益から特別損益を加減した差額が税引き前当期純利益だ。

> **税引き前当期純利益＝経常利益＋特別損益**

損益の前に「特別」とついているのは「経常的」ではない、という意味でしょうか。

その通り。特別損失は突然襲った事故や災害による損失、リストラに使った巨額の支出、使えなくなった工場を壊すことで生じる損失、大雨で大量の商品が水浸しになって廃棄した損失などだ。費用と違って特別損失は何の価値も生まない点に注意すべきだ。

わかりました。では特別利益は？

臨時的な利益だ。例えば、土地や投資目的で保有している株式などの有価証券を売って得た利益、損害保険金の入金だね。

通常では生じることのない特別な損益ってことですか？

そうだね。特別損益は会社の異常事態を知らせる重要な会計情報だから、金額だけでなくその内容にも注意を払う必要がある。

税引き後当期純利益

 税引き後当期純利益は、経営活動の最終成果だ。これは税引き前当期純利益から会社にかかる税金（法人税等）を差し引いて計算する。税金を支払うことで、会社が生成した価値の一部が国に移転するのだよ。

> **税引き後当期純利益＝税引き前当期純利益－法人税等**

 この税引き後当期純利益は会社が1年間で生成した価値の金額を表したものですね。でも、お金ではない。

 分かってきたようだね。

 期間収益（売上高・営業外収益）はその会計期間に増加した価値のことで、その会計期間のお金の入金のことではない。同様に期間費用（売上原価、販売費及び一般管理費、営業外費用）は価値の消費であって、その会計期間のお金の支出を表しているわけではない。だからその差額の期間利益はお金ではない、ということですね。

 その通り。

 父はこの理屈がわかっていないんだ。私もそうでしたけど。

 これで損益計算書のレクチャーは終わりとしよう。次は、貸借対照表を取り上げる。財務三表で一番重要な決算書だ。楽しみかね。

楽しみかと言われると、微妙です。でも、頑張ります。

減価償却費とは

　減価償却について若干の補足説明をします。減価償却という考え方は産業革命によってもたらされた近代会計最大の特徴の1つです。

　20世紀の初頭に発展した鉄道会社は「現金製造機」である機関車や線路を購入建設するのに莫大なお金を使いました。しかもこれらの固定資産は30年、50年と使いますから、購入代金の全額を支出した会計期間の費用とすれば、最初の期間は凄まじい赤字となり、それ以降の各会計期間の利益が増えてしまいます。

　いうまでもなく、機関車や線路は長期間にわたり売上高をもたらしますから、その費用はそれらを使用する会計期間全体とするのが合理的です。そこで固定資産の購入原価を使用期間全体の費用として配分する会計処理の方法が考え出されました。これが減価償却です（コラム10も参照）。

第 4 章

3日目前半

貸借対照表は
会社のふところ
具合を表している

財務三表の中で最も重要な
貸借対照表

LECTURE 01

貸借対照表を見れば、その会社のふところ具合がわかる!

貸借対照表の構造がどのようになっているか、そこに書かれている情報の解読方法を説明します。貸借対照表をものにするコツは、細かな会計ルールに縛られるのではなく、全体を大きくとらえることです。

貸借対照表はこうなっている

 今日は貸借対照表(B/S:バランスシート)の話をしよう。損益計算書、貸借対照表、キャッシュフロー計算書の財務三表の中で、中心となる決算書がこの貸借対照表なんだ。

図4-01 貸借対照表のフォーマット

貸借対照表 20X1年3月31日現在 　　　　　　　　単位:百万円

資　産		負　債	
現金預金	3,705	短期借入金	5,344
売掛金	12,518	一年以内返済長期借入金	4,254
商品	2,656	買掛金・未払金	8,628
流動資産	18,879	流動負債合計	18,226
有形固定資産	10,079	長期借入金	13,144
建物	4,802	固定負債合計	13,144
機械装置	4,497	負債合計	31,370
土地	780	資本金	10,000
無形固定資産	606	資本剰余金	489
のれん	606	利益剰余金	10,077
投資等	22,372	純資産	20,566
長期貸付金	12,073		
投資有価証券	10,299		
固定資産合計	33,057		
資産合計	51,936	負債純資産合計	51,936

なんだか、複雑で難解そうですね。ハァ……。

貸借対照表は会社の財政状態を表している。ここで財政状態とは「ふところ具合」といった意味だ。財政が健全なら、お金をたくさん持っていて、借金は少なく、しかも安定した収入がある会社と判断できる。

「ふところ具合」は、簡単に見抜けるのですか？

貸借対照表の構造がわかると、その会社が余裕なのか、実はお金に困っているのかがわかる。とは言え、貸借対照表を解読するには、それなりに「特別な訓練」が必要になる。

▌会社にはお金が循環している

貸借対照表は図4−02のような2つの箱からできているんだ。右の箱には、外部から集めてきたお金が入っている。つぎに、このお金を左の箱にいれてスイッチを押すと、そのお金はぐるぐると循環し始める。しばらく経つと、お金が増えるのだよ。

これって手品の小道具ですか？

いいや、現実の話だ。この左の箱を**「現金製造機」**と呼ぶことにしよう。

「現金製造機」だなんて、もちろん、冗談ですよね？

図4-02 調達したお金を運用して、さらにお金を増やす

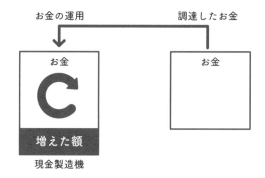

そう思うかね。だが、実在するんだよ。

え、どこにあるんですか。よかったら教えてください！

その必要はない。君のお父さんはすでに現金製造機を持っている。

え、父が、ですか？

現金製造機とは会社のことだ。そして、この２つの箱は貸借対照表（B/S）の左側と右側を表している。

図4-01の貸借対照表は左右に数字が並んでいますけど、そのことですか？

その通り。賃借対照表を煎じ詰めれば図4-02になる。そこを理解することが貸借対照表を攻略する肝なのだよ。

そうなのですね。

全体を俯瞰することが大事

 損益計算書と同じように、貸借対照表も細かな事は気にせず大きくとらえることだ。

 「まずは森をみよ」ですね。

 できることなら、鳥のように大空から森全体を俯瞰するのだよ。

 それがこの２つの箱ですか。

 サワリのサワリだね。とはいえ、わからなくなったら、ここに戻ればいい。また別の考えが浮かんでくるはずだ。

 そうします！

 ボクがこんな例を出したワケはこうだ。商売を始めるにはお金がかかる。そして、会社には常にお金が流れている。人の体で言えば「血液」だね。会計では商売で使うお金を「資金」という。ここで確認しておきたいのだが、ボクは状況に応じてお金、現金、資金、キャッシュと使い分けるが、あまり気にしないでほしい。ボクなりに使い分けする理由はあるのだが、気にすることはない。それから、商売をビジネスと言ったりもする。どちらも同じ意味と思えばいい。

 気にしなくてもいいなんて、先生らしくて、いいですね。

そうかね。なんだったら銭でも、商でも構わない。要は意味が正確に伝わればそれでいいんだよ。

 わかりました（笑）。

資金の調達先は４つある

 まずは貸借対照表の右側から説明をしよう。これは資金の調達先を表している。会社が商売を始めるのに、どこから資金を集めたかということだ。調達先には**仕入先、銀行、株主、利益剰余金**の４カ所がある。このうち仕入先と銀行から集めた資金を負債という。あるいは他人資本ともいう。この図を見たまえ。

図4-03 貸借対照表の構造はこうなっている

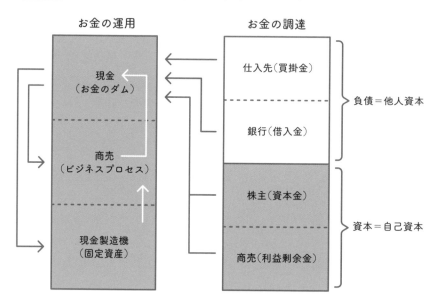

なぜ負債が他人資本なのですか？

他人資本は負債のこと

 自社以外の他人から調達したお金だからね。

 ということは自社で調達したら自社資本ですか？

 正確には自己資本だ。資本金は会社のオーナーが振り込んだ資金だし、利益剰余金は会社が生成した価値、つまり利益の累計だ。

 ちょっと気になったのですけど「資金」と「資本」は使い分けるのですか。

 貸借対照表では「資本」、あとで説明するキャッシュフロー計算書では「資金」を使う。まあ、これも同じようなものと考えておけばいい。

 借入金は分かるとして、仕入先（買掛金）って書かれていますけど、買掛金ってなんのことですか？

 商品の仕入代金の未払いのことだ。商売をする場合、仕入の都度いちいち代金を振り込んでいたら手間ばかりかかってしまうよね。そこで、1か月後とか2か月後にまとめて仕入代金を支払うんだ。例えば、3か月分の仕入代金100万円を4月末に支払うとする。この100万円が貸借対照表の買掛金に載ってくるわけだ。

 ちょっと待ってください。買掛金って、翌月お金がでていくのですよね。それでもお金の調達なんですか？

 いい点に気づいたね。まず押さえておかなくてはならないのは、商売の基本は現金売買だということだ。つまり業者から商品を受け取ると同時に、仕入代金を支払う。このような商売をキャッ

シュ・オン・デリバリーという。

 初めて聞きました。そんな商売の仕方ってあるのですか？

君が気づいていないだけだよ。スーパーも外食もホテルに泊まっても現金かクレジットカードで支払うよね。アマゾンや楽天市場などの通販もクレジットカードを使う。これらはすべてキャッシュ・オン・デリバリーだ。

確かにそうですね。ではうちの会社でもそうですけど、なぜ商品を受け取ったあとに仕入代金をまとめて支払うのですか。

お互いに相手先を信用しているからだよ。つまり、商品を引き渡せば、約束通りに代金を口座に振り込んでくれる、と信じているからだ。

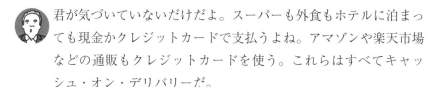 でも、お金があればすぐに支払えばいいと思いますけど。

さっき言ったようにいつも手元にお金があるわけではないし、あったとしてもその都度支払っていては商売が滞ってしまう。信用を前提とした取引でないと商売は大きくならないんだ。

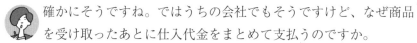 その信用を前提とした取引ってなんでしょうか。

掛による取引だ。まずは掛で仕入れて、代金はあとでまとめて支払う。

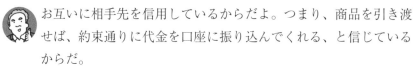 キャッシュ・オン・デリバリーが原則だとすると、信用を前提とした掛取引はどのように考えればいいのでしょうか。

 商品を受け取ると同時に仕入先からお金を借り、その借りたお金で仕入代金を支払う。

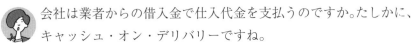 会社は業者からの借入金で仕入代金を支払うのですか。たしかに、キャッシュ・オン・デリバリーですね。

 だが仕入業者からの借金は残ったままだ。この借金が買掛金なんだよ。つまり、買掛金は仕入業者からの借入金のことであり、それは資金の調達なのだ。

商品を受け取る→同時に仕入先から代金相当分のお金を借りて、そのお金で仕入代金を支払う→翌月、借入金を返済する

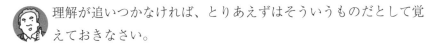 なんだか煙に巻かれたようです。

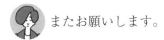 理解が追いつかなければ、とりあえずはそういうものだとして覚えておきなさい。

 またお願いします。

自己資本は資本金・資本剰余金・利益剰余金を足したもの

 次の自己資本は資本金・資本剰余金と利益剰余金を足した金額だ。

なぜ、これらが自己資本なのですか。

資本金・資本剰余金は会社のオーナーである株主が会社に払い込んだお金のことだ。それから、その下の利益剰余金は会社が商売を始めてから今日に至るまで、ずっと貯めてきた税引き後当期純利益の累計額で、これが内部留保と言われるものだ。

全部、会社のもので返す必要がないから自己資本なんですか。なるほどね。

 貸借対照表の概要がわかったところで、次のレクチャーではいささか難しい問題を考えてみよう。

 私はまだ素人ですよ。難しい問題なんて無理です。

 おそらく君のお父さんには答えられないだろうね。経理部長も無理かもしれない。だが、君には解ける。

 ホントですか。間違えてもいいですよね。

 正解なんて期待していない。君に考えて欲しいのだ。

 わかりました。

貸借対照表は、
なぜ左右が
バランスするのか？

貸借対照表は英語ではバランスシートといいます。これは左右の金額が
バランス（一致）することを意味しますが、なぜそうなるのでしょう
か？　そのメカニズムを説明します。

▌ バランスシートのメカニズム

 貸借対照表は英語ではバランスシートだ。バランスとは天秤のこ
とだが、なぜこう呼ばれるのだろう？

 えっ。考えたこともありません。

 では語源から探ることにしよう。天秤は知っているね。なぜバラ
ンスシートと呼ばれるかというと、左右の金額が天秤のお皿のよ
うに均衡しているからだ。

 でも天秤をバランスさせるには、分銅をお皿に載せますよね？

 なぜ分銅を使うのだろうね。

 重さを量るためではなかったでしょうか。

 そうだね。左右のお皿に同じ重さのモノが載っているとする。こ
の場合、天秤はどうなっているかな。

バランスします。

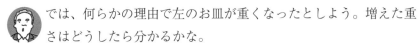では、何らかの理由で左のお皿が重くなったとしよう。増えた重さはどうしたら分かるかな。

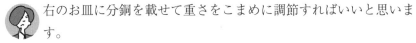右のお皿に分銅を載せて重さをこめめに調節すればいいと思います。

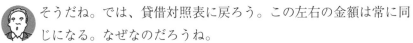そうだね。では、貸借対照表に戻ろう。この左右の金額は常に同じになる。なぜなのだろうね。

貸借対照表を作る人が、左右の金額を調整しているからではないでしょうか?

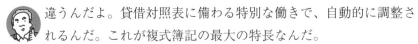違うんだよ。貸借対照表に備わる特別な働きで、自動的に調整されるんだ。これが複式簿記の最大の特長なんだ。

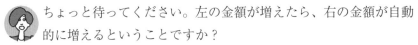ちょっと待ってください。左の金額が増えたら、右の金額が自動的に増えるということですか?

そうだよ。

利益剰余金は天秤のバランスをとる分銅だった!

カラクリ人形みたいですね。どんな仕組みなんですか?

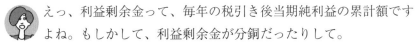分銅の重さが自動的に調整されるんだ。その分銅が利益剰余金なんだ。

えっ、利益剰余金って、毎年の税引き後当期純利益の累計額ですよね。もしかして、利益剰余金が分銅だったりして。

その通り。君は優秀だね。

優秀だなんて、からかわないでください！

 いや、ボクは大真面目だよ。このメカニズムの理解なくして会計は語れないと言っていい。

 そうですか。私、あまり考えずに答えたのですけど……。

 簡単に説明すればこうだ。貸借対照表の右側で調達した現金を、貸借対照表の左側で運用する。この現金100万円で商品を買い、顧客に150万円で売ったとしよう。この時点で会社の売掛金は150万円だ。では新たに生成された価値はいくらだろうか？

 売掛金150万円から商品100万円を差し引いた50万円です。

 そうだね。**この新たに生成された価値が利益**だ。その結果、貸借対照表の左側は50万円重くなり、天秤は左に傾く。

 そうか！　それで、右の利益剰余金を増やして重くして、バランスさせているんですね⁉

 ピンポン！　その通り！　**利益剰余金は貸借対照表という天秤のバランスをとる分銅な**んだよ。

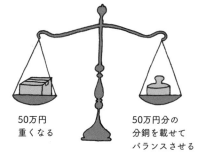

50万円
重くなる

50万円分の
分銅を載せて
バランスさせる

天秤がバランスするメカニズム

内部留保はどこにある？

 売掛金150万円は近いうちに現金に形を変えて、再び商売や現金製造機に運用される。そこで君に質問したい。

 何でしょうか。

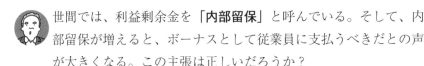 世間では、利益剰余金を**「内部留保」**と呼んでいる。そして、内部留保が増えると、ボーナスとして従業員に支払うべきだとの声が大きくなる。この主張は正しいだろうか？

そんなの無理です。だって、利益剰余金は貸借対照表の左右を調整するための分銅にすぎないからです。先生の請け売りですけど……。

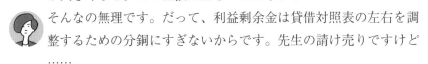 その通り。君はよく理解しているから間違った主張に惑わされない。たいしたものだ。

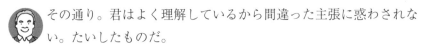 素直に喜んでいいのでしょうか。

 もちろんだよ。世の中には「内部留保」の意味を誤解している人が多くてね。**内部留保は利益剰余金であって、それは運用した資産の増加分を表しているにすぎない。**たしかに売掛金を回収した時点で現金が増える。だが、現金が再び会社の中を循環することで、そのお金は預金、商品、売掛金、固定資産とつぎつぎと姿がかわる。つまり**「内部留保」に相当する現金は存在しない**のだよ。にもかかわらず、新聞やテレビで名の知れた政治家や評論家までも「内部留保を従業員に分配せよ」と公言している。

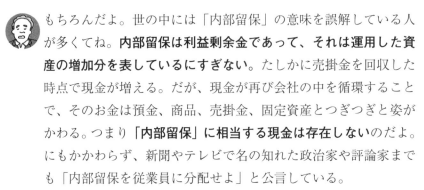

 私も「内部留保」って、秘密預金みたいに思っていました。

だが、今の君は「利益剰余金」が単なる分銅であることを知っている。本当に理解しているかは定かではないがね。

 やっぱり、私のことを信用していないんだわ！

 この点は今回のレクチャーの目玉だから、改めて詳しく説明しよう。

貸借対照表の資産は３つの部屋に分かれている

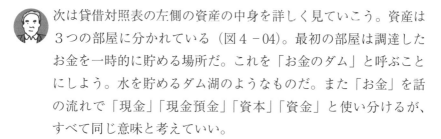 次は貸借対照表の左側の資産の中身を詳しく見ていこう。資産は３つの部屋に分かれている（図４−04）。最初の部屋は調達したお金を一時的に貯める場所だ。これを「お金のダム」と呼ぶことにしよう。水を貯めるダム湖のようなものだ。また「お金」を話の流れで「現金」「現金預金」「資本」「資金」と使い分けるが、すべて同じ意味と考えていい。

 わかりました。

図4-04 資産は３つの部屋に分かれている

資産の中身

お金のダム（現金）← ← 調達したお金

ビジネスプロセス

現金製造機

話を進めよう。２番目の部屋では、商売が行われている。ボクのレクチャーでは「ビジネスプロセス」と呼ぶことにしよう。ここで価値が生成され、その価値がお金に換わるのだ。

大切な場所ですね。

その大切なビジネスプロセスを支える基盤が「現金製造機」だ。以上をまとめると、左の箱は「お金のダム」「ビジネスプロセス」「現金製造機」の三層構造になっているんだよ。

でも「お金のダム」とか「現金製造機」って、ちょっと聞き慣れない言葉ですね。

ボクの造語だからね。図４－04について少しだけ詳しく説明しよう。調達したお金はすべて「お金のダム」に貯められて、「ビジネスプロセス」と「現金製造機」に使われる。「ビジネスプロセス」は、商品を仕入れ、注文を受けた顧客にその商品を販売して、代金を回収するまでの一連の過程（プロセス）のことだ（図４－05）。「商売の流れ」と言ったら、わかるかな。

図4-05 ビジネスプロセスは価値を生成する過程

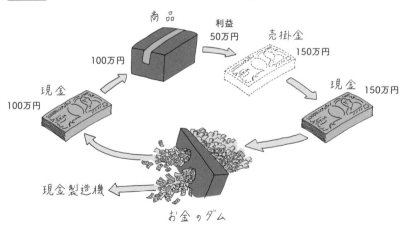

はい。うちの会社も、商売の流れを毎日繰り返していますから。

そうして、君の会社は新たな価値を生成し、利益を増やし、現金を増やしているんだ。

少しですけど、見えてきました。

次の現金製造機はこの商売のインフラのような物と考えればいい。例えば、本社や工場の建物、生産用ロボットやプレス機械、運搬用トラック、コンピュータ設備などだね。

会社は「ビジネスプロセス」で「現金製造機」を使って商売していると考えればいいのですね。これが資産の中身なんだ。

図 4 - 06　現金製造機は商売のためのインフラ

COLUMN 4

貸借対照表が自動的に
バランスすることの意味

　貸借対照表が他の決算書と比べて特別なのは、計算に間違いが
ない限り、左右の合計金額が自動的にバランスすることです。も
し、計算のどこかに間違いがあると左右の金額は一致しません。
手計算で決算書を作っていた時代は、経理担当は貸借対照表がバ
ランスするまで検証を繰り返しました。

　経理担当がこの検証作業から解放されたのは、コンピュータ処
理が普及したからです。複式簿記700年の歴史からすれば、つい
最近のことですね。皮肉にも、情報技術の進化が経理担当者の能
力を低下させてしまいました。数字を入力すれば決算書は自動的
に作成されますから、なぜ貸借対照表の左右の金額が一致するの
かという理由を説明できないのです。

　手作業で決算書を作る必要はありませんが、貸借対照表の構造
はしっかりと理解すべきです。

第 5 章

3日目後半

貸借対照表は
お金の流れの
スナップショットだ

貸借対照表はお金の調達先と
運用先を表している

貸借対照表の右側で
資金の調達先が
わかる

貸借対照表の右側は負債と純資産です。これらがどういうものなのか具体的に見ていきましょう。

貸借対照表で会社の財政状態がわかる

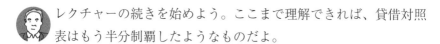 レクチャーの続きを始めよう。ここまで理解できれば、貸借対照表はもう半分制覇したようなものだよ。

富士山登山で言ったら、今は5合目くらいですか？

そんなところだ。さて、ここからは多少理屈っぽいレクチャーになる。大学の授業のようにね。

ということは、つまらなくて眠くなるのでしょうか？

君はずいぶんひどい授業を受けてきたんだね。物事を正しく理解するには基本が不可欠なんだ。

まあ、そうならいいんですけど。

会計のテキストには「**貸借対照表は会社の財政状態を表している**」と書かれている。

いきなり財政状態ですか？

 この財政状態ってなんだろうね。

 以前、財政健全化のために消費税率を10％に引き上げるという
ニュースが繰り返し流れていましたけど……。

 日本の財政は健全ではないから、消費税を引き上げるということ
だね。つまり、前回も説明したように財政状態とは「ふところ具
合」を意味している。

 そんな説明を前にも聞きましたね。忘れていました。

 忘れたら思い出せばいい。資金の調達と運用の状態で企業の「ふ
ところ具合」がわかるのだよ。

 財政状態って、いいかえるとお金に余裕があるとか、金欠だとか
ですか？

 そうだね。貸借対照表を見れば、お金がたっぷりあって順風満帆
なのか、蓄積したお金が底をついてヘロヘロなのかがハッキリと
わかるんだ。

 すごい！

┃ 貸借対照表の資金の調達とは

 貸借対照表の貸方（右側）、つまり資金の調達から見ていこう。
最初に言っておくが、これから説明する内容の5割以上は、すで
に君の頭に入っている。

ホントですか。そうだったらいいのですけど。

 次の図をよく見てほしい。これまでにレクチャーしたポイントを
まとめたものだ。

図5-01 資金の調達とは（賃借対照表の右側）

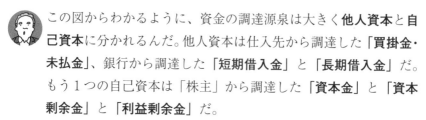

資金の調達

流動負債	買掛金・未払金	仕入先	他人資本
	短期借入金	銀行	
	一年以内返済 長期借入金		
固定負債	長期借入金		
純資産	資本金	株主振込	自己資本
	資本剰余金		
	利益剰余金	商売	

 この図からわかるように、資金の調達源泉は大きく**他人資本**と**自
己資本**に分かれるんだ。他人資本は仕入先から調達した「**買掛金・
未払金**」、銀行から調達した「**短期借入金**」と「**長期借入金**」だ。
もう1つの自己資本は「**株主**」から調達した「**資本金**」と「**資本
剰余金**」と「**利益剰余金**」だ。

 負債が流動負債と固定負債に分かれていますけど、2つに分ける
理由はなんですか？

 決算の日の翌日から1年以内にお金が出ていくかどうかで分けて
いる。

 ここでも1年で区切るのですね。

そうだね。

 現金が出ていくタイミングが1か月先でも12か月先でも流動負債なんですか。

 そういうことになる。機械的に分けているんだよ。

 自己資本は資本金と資本剰余金と利益剰余金ですね。

 その通り。

 それから、純資産と自己資本って同じですか[8]？

 厳密には異なるが、細かな事だ、同じと考えていい。

他人資本と自己資本の違い

 それからもう1つ教えてください。他人資本と自己資本は別々のお金と考えていいのでしょうか。

 別々のお金？　なぜそう思うんだね。

 だって、他人資本は返さなくてはならないお金で、自己資本は返す必要のないお金ですから。

 年利率20％のカードローンで借りたお金も、君がお父さんからもらったお金も、お金はお金だ。使い道に制限はない。

 そうか。借りたお金もお給料も、サイフに入れたら区別できませ

8　新株予約権分だけ純資産の方が大きくなる。

んものね。

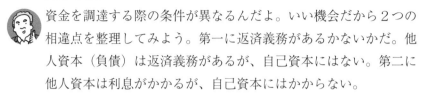

資金を調達する際の条件が異なるんだよ。いい機会だから2つの相違点を整理してみよう。第一に返済義務があるかないかだ。他人資本（負債）は返済義務があるが、自己資本にはない。第二に他人資本は利息がかかるが、自己資本にはかからない。

買掛金にも利息がかかるのですか？

仕入代金には、ごくわずかだが利息が上乗せされている。

そうなんですね。知らなかった。

同じ他人資本でも、銀行からの借入金は契約によって返済期限と支払うべき利息が決まっている。このような他人資本を有利子負債という。

有利子負債って、会社がどんなに苦しい状態でも、元金と利息を銀行に支払わなくてはならないのでしょうか？

もちろんだよ。たとえ会社が潰れかけても、銀行は容赦なく取り立てる。

『半沢直樹』の世界ですね。業績が良い時にはニコニコしていた銀行員が、悪くなると一転して鬼になるシーン。見ていて憤慨しちゃいました。あれって本当なのですね。

ドラマである以上大げさな描写もあるだろうね。だが銀行は商売としてお金を貸しているし、そもそも会社を窮地に追いやった責任は経営者にある。

先生は、あのドラマの銀行の対応に抵抗がありますか？

微妙な質問だね。しかし、銀行はボランティアではない。誠実な経営者は従業員を路頭に迷わすようなことはしない。

とすると、会社を倒産に追い込んだ経営者のどこがいけないとお考えですか？

もっと会計を学ぶべきだ。会計情報を武器にできないのでは、経営者失格だね。

父も失格ですかね。

さて、どうだろうね。

株式公開にはデメリットもある

今度は自己資本について聞きたいのですけど、株主が振り込んだお金は株主には返金できないし、無理して配当する必要もないということでしたね。でも、配当が少ないと株主は怒りませんか？

世の中には、脇の甘い会社の株式を買いあさり、高額配当と株価の引き上げを迫る投資家がいる。配当が少ないとこういう人たちは間違いなく怒りだすね。

うちの会社のように上場していなければ、そんな人たちに目をつけられることはないんですよね。

そうだね。最近、大塚家具や芝浦機械（旧東芝機械）の経営者が大変な思いをしているのは、株式を上場しているからに他ならない。上場するということは、会社を公のものにすることだから、経営者の思い通りにはならないことは多々あるんだ。

株式公開すると、会社にはお金が入って、創業者はお金持ちになるって聞きましたけど、考えものですね。

貸借対照表の左側で
資産の運用状況が
わかる

貸借対照表の左側は、右側から調達してきたお金をどう運用しているのかを表しています。お金は、「お金のダム」「ビジネスプロセス」「現金製造機」の３つの部屋でそれぞれ運用されます。具体的に説明しましょう。

資金の運用とは

図5-02 水路の図

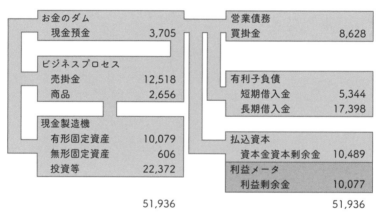

お金のダム		営業債務	
現金預金	3,705	買掛金	8,628
ビジネスプロセス		有利子負債	
売掛金	12,518	短期借入金	5,344
商品	2,656	長期借入金	17,398
現金製造機		払込資本	
有形固定資産	10,079	資本金資本剰余金	10,489
無形固定資産	606	利益メータ	
投資等	22,372	利益剰余金	10,077
	51,936		51,936

貸借対照表　　　　　　　　　　　　　　　　　　単位：百万円

現金預金	3,705	買掛金	8,628
売掛金	12,518	短期借入金	5,344
商品	2,656	流動負債	13,972
流動資産	18,879	長期借入金	17,398
有形固定資産	10,079	固定負債	17,398
無形固定資産	606	資本金・資本剰余金	10,489
投資等	22,372	利益剰余金	10,077
固定資産	33,057	純資産	20,566
計	51,936	計	51,936

この水路の図は、私が貸借対照表を書き換えたものだ。川の流れをイメージしてね。

ずいぶん変な形ですね。

よく見れば上と下の図が同じものだとわかるはずだ。見比べてごらん。バランスシートの右側で調達したお金は、左側の「お金のダム」に集められる。これが、流動資産の**「現金預金」**だ。

そうなんですね。

お金は2つのルートで運用される。1つが**「ビジネスプロセス」**。そしてもう1つが**「現金製造機」**。どちらも資金を増やす目的で運用される。

右側で調達したお金は、こんな具合に流れているんだ！

貸借対照表は決算日のスナップショット

賃借対照表はお金の流れを表しているのではない。ある時点のスナップショットにすぎないんだ。

スマホで写した川の写真のようなものですか？

そう。会社には常にお金が川の水のように流れている。この状態を表わしたのがこの水路の図だ。「ビジネスプロセス」に投入されたお金で商品を買い、家賃を前払いし、従業員の給料を支払う。そして、商品を顧客に売って、代金を回収し、そのお金で次の商

品や給与の支払いなどに充てる。ビジネスプロセスには、こうし
てお金が水路をぐるぐる循環しているんだ。

 さっき聞きましたけど……。

今の説明はお金の流れを動画として見た場合だ。だが、貸借対照
表が表現しているのはお金の流れではなく、お金が姿を変えた商
品であり売掛金だ。つまり決算日のお金の状態を写したスナップ
ショット（静止画）なのだ。

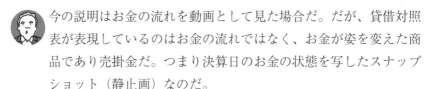

図5-03 商品や売掛金は決算日のお金の状態を表したスナップショット

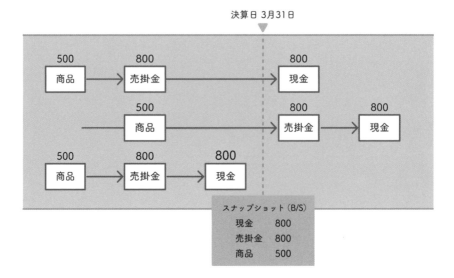

決算日 3月31日

500	800		800
商品	→ 売掛金	→	現金

	500	800	800
	商品	→ 売掛金	→ 現金

500	800	800	
商品	→ 売掛金	→ 現金	

スナップショット（B/S）
現金　　800
売掛金　800
商品　　500

ちょっとわかりません。先ほどの説明ではビジネスプロセスでは、
たえずお金が商品になり、商品が売掛金へと姿を変えていきます
よね。つまり、商品であろうと売掛金であろうと、その実態はお

金ということですか？

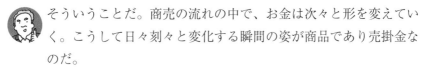

そういうことだ。商売の流れの中で、お金は次々と形を変えていく。こうして日々刻々と変化する瞬間の姿が商品であり売掛金なのだ。

私は商品や売掛金はお金とは別のものだと思っていました。でも、商品も売掛金も、いずれお金に形が変わらなくては商売は続きませんものね。

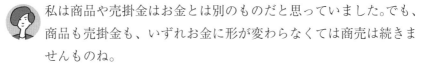

その理解で正しいんだよ。倉庫に積み上げられた古い商品はお金なんだ。だが、会計のテキストにはそう書かれていない。その古い商品の金額をどうするかばかりが書かれている。

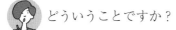

どういうことですか？

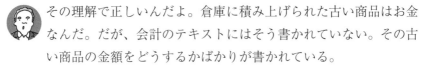

２年前に100万円で仕入れた洋服の在庫金額は100万円でいいのか。仮に10万円でしか売れなければ、この商品在庫は100万円ではなく、10万円（時価）とすべきとかね。現実はというと、100万円（簿価）のままとしている会社は少なくない。不毛な議論だとボクは思うね。

先生、すごい迫力……。そうですよね。うちの会社も、何年も前に販売を止めた商品の包装資材が買った金額のままで貸借対照表に載っているんです。私は不思議でならないんですけど。

君の考えが正常なんだ。だが会計や税の専門家はそう見ない。費用（税務では損金）に落ちるとか、落ちないとか、そんな些末な議論で頭を悩ましている。

先生も公認会計士ですよね？　そんな同業者批判みたいなことを言っていいんですか。

真っ当な公認会計士は皆ボクと同じ考えだよ。大切なことは、なぜ包装資材の在庫が生じてしまったか、という点だ。

なぜでしょうか？

 おそらく、たくさん買ってくれれば値段を下げると言われたからだろうね。いわゆるボリュームディスカウントというやつだ。

 担当者が仕入業者に騙されたんですね。

 購買担当者だけが悪いのではない。問題は買う側の君の会社にある。営業担当も、社長も含めてね。

現金製造機とは固定資産のこと

 次の「現金製造機」の説明をしていただけますか？

 典型的な現金製造機は貸借対照表の「固定資産」だ。これがあるからお金が増えるんだ。これまで君に説明した現金製造機は、目に見えて手で触ることができる「有形固定資産」のことだった。だが「現金製造機」は目で見えるものとは限らない。それが「無形固定資産」だ。意外かも知れないがこちらのほうが性能がいいんだよ。

 より効率的にお金を製造できるってことですか？

 その通り。

無形固定資産は見えない現金製造機

 無形固定資産にはどのようなものがあるのでしょうか？

 コンピュータのソフトウェアや特許権だね。いちばん金額が大きくて重要なのはのれん代だ。

 のれん代って、老舗の信用のことですか？

 一般にはそうだが、会計では別の意味で使われる。「のれん」はお金を生み出す力、会計っぽく言うと**「超過収益力」**のことだ。「のれん」そのものには形がない、つまり、経営にとって重要な「見えない現金製造機」なのだ。

 具体例を知りたいですね。

 そうくると思ってね。とっておきの例を用意した。武田薬品工業の無形固定資産だ。

図5-04 武田薬品工業の固定資産

単位：百万円

	当第3四半期 （2019年12月31日）
有形固定資産	1,468,842
のれん	4,104,150
無形固定資産	4,308,394

のれん代が
4兆1000億円！

武田薬品工業って、風邪薬や目薬の会社ですよね？

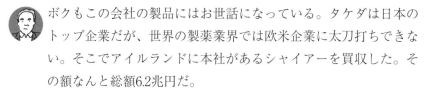 ボクもこの会社の製品にはお世話になっている。タケダは日本のトップ企業だが、世界の製薬業界では欧米企業に太刀打ちできない。そこでアイルランドに本社があるシャイアーを買収した。その額なんと総額6.2兆円だ。

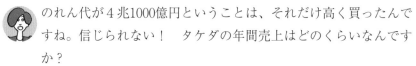 のれん代が４兆1000億円ということは、それだけ高く買ったんですね。信じられない！　タケダの年間売上はどのくらいなんですか？

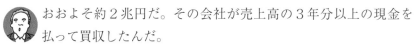 おおよそ約２兆円だ。その会社が売上高の３年分以上の現金を払って買収したんだ。

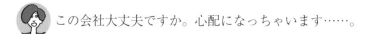 この会社大丈夫ですか。心配になっちゃいます……。

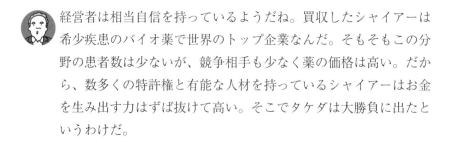 経営者は相当自信を持っているようだね。買収したシャイアーは希少疾患のバイオ薬で世界のトップ企業なんだ。そもそもこの分野の患者数は少ないが、競争相手も少なく薬の価格は高い。だから、数多くの特許権と有能な人材を持っているシャイアーはお金を生み出す力はずば抜けて高い。そこでタケダは大勝負に出たというわけだ。

 世界で戦うって、大変なんですね。

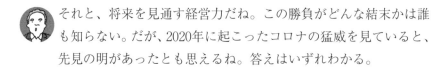 それと、将来を見通す経営力だね。この勝負がどんな結末かは誰も知らない。だが、2020年に起こったコロナの猛威を見ていると、先見の明があったとも思えるね。答えはいずれわかる。

 そうですね。雑用係の私も関心があります。

知的資産を持つ会社は莫大な利益を稼ぐ

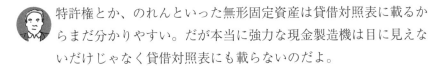 特許権とか、のれんといった無形固定資産は貸借対照表に載るからまだ分かりやすい。だが本当に強力な現金製造機は目に見えないだけじゃなく貸借対照表にも載らないのだよ。

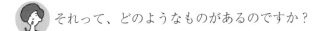 それって、どのようなものがあるのですか？

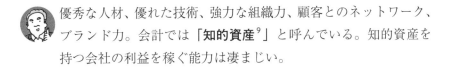 優秀な人材、優れた技術、強力な組織力、顧客とのネットワーク、ブランド力。会計では「**知的資産**[9]」と呼んでいる。知的資産を持つ会社の利益を稼ぐ能力は凄まじい。

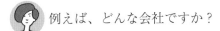 例えば、どんな会社ですか？

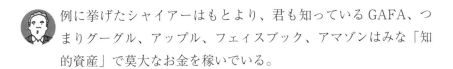 例に挙げたシャイアーはもとより、君も知っている GAFA、つまりグーグル、アップル、フェイスブック、アマゾンはみな「知的資産」で莫大なお金を稼いでいる。

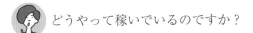 どうやって稼いでいるのですか？

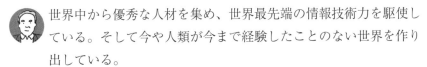 世界中から優秀な人材を集め、世界最先端の情報技術力を駆使している。そして今や人類が今まで経験したことのない世界を作り出している。

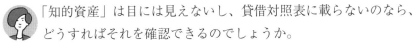 「知的資産」は目には見えないし、貸借対照表に載らないのなら、どうすればそれを確認できるのでしょうか。

まずは損益計算書で利益率を計算してみることだ。強力な「知的資産」を持つ会社の利益率は他社と比べて圧倒的に高いからね。

---

9 「知的資産」とは、人材、技術、組織力、顧客とのネットワーク、ブランド等の目に見えない資産のことで、企業の競争力の源泉となるものだ。これは、特許やノウハウなどの「知的財産」だけではなく、組織や人材、ネットワークなどの企業の強みとなる資産を総称する幅広い考え方であることに注意が必要である。（経済産業省のホームページより抜粋）

どのくらいすごいのか、知りたいです。

 新聞によると、GAFA の平均税引き前当期利益率は約20％だ。
（日本経済新聞2019年2月16日）。固定資産が少ないから総資産
利益率（ROA）[10]も高い。

グーグル

アマゾン

フェイスブック

アップル

10　ROA. 会社の資産がどれだけの利益をもたらしたかを表す指標。詳しくは P.126を参照。

COLUMN 5

現金取引と信用取引とは

　会社の多くは商品を掛（つまり信用）で仕入れ、掛で販売しています。信用取引ですから、商品を買った時に代金を払うのではなく、翌月以降まとめて支払います。同様に、商品を売る時も、代金の受け取りは翌月以降です。すでに本文で説明したように現金取引、キャッシュ・オン・デリバリーが原則ですが、中小企業でさえ毎月何十件もの仕入が行われ、同じく何十件も売上げるのですから、その都度相手先に現金を支払ったり、回収するのでは商売になりません。そこで商取引を円滑に行うために、信用のおける相手との信用取引が発展したわけです。

　簿記のテキストを勉強していると、信用取引が原則のように書かれていますが、そうではなく、あくまでも信用できる相手との取引に限られるのです。ここで留意していただきたいことは、取引の原則は現金取引ですから、「信用取引」は商取引に付随する金融取引、つまりお金の貸し借りだということです。

　現金取引が原則ですから商品を購入すると同時に、商品代金を支払う必要があります。そこで、仕入先から商品代金相当分を借りて、そのお金で商品代金を支払ったと考えるわけです。ここで商取引は完結です。では買掛金は何かというと、それは仕入先からの資金の調達であり、借入金なのです。

●買掛金は借入金

商品仕入と同時に現金を借り入れる（借入金）→借りた現金で仕入代金を支払う（ここで商取引は完結）→この借入金を買掛金として計上する。

売掛金も考え方は同じです。商品を販売すると同時に、顧客にお金を貸して、そのお金を売上代金として回収する、と考えるのです。したがって、売掛金は貸付金であり、資金の運用ということになります。

●売掛金は貸付金

商品の引き渡し→現金を得意先に貸付ける（貸付金）→貸付金で売上代金を回収する→この貸付金を売掛金として計上する。

第 **6** 章

4日目

貸借対照表で
会社の安全性を
チェックする

借金は少ないほどいい
というものではない

安全性分析とは
何か？

安全性には、①短期安全性と②長期安全性があります。ここでは、近い
将来のお金のやりくりを判断する短期安全性について説明します。

▍バランスシートの基礎知識

 前回までで貸借対照表を読み解く上での基礎知識は、ほぼすべて
説明した。ポイントはこうだったね。

Point 1. 資金を４カ所から調達し、お金のダムを経て２カ所に分
けて運用している。

Point 2. 貸借対照表は決算日現在のスナップショット。

Point 3. この場合、流動項目と固定項目に分け、次のように整理
している。
資金の運用：流動資産と固定資産
資金の調達：流動負債と固定負債と自己資本

Point 4. ビジネスとは資金を使って資金を増やすこと。

Point 5. その増えた価値が利益であり、利益剰余金として積み上
がる。

 多少は自信がついたと実感しているかね？

 実感はありません。これまで教えて頂いたことは、貸借対照表を
読む時に役に立つのでしょうか。

その気持ちはわからないでもない。だが、君はすでに8合目まで到着している。貸借対照表を解読する基礎知識はついている。あとは、ちょっとしたテクニックを身につければいい。これからそれを教えよう。

 なんだか実感がありませんけど、お願いします。

 貸借対照表からわかることは、第一に会社の**安全性**だ。

 安全性って、なんでしょうか。

 企業の財務上の支払能力のことだ。君がお金を貸す場合、この人なら貸しても大丈夫かな、お金を返してもらえるかなと考えるよね。これが短期的安全性だ。それから、銀行から長期で借金して設備投資したとする。財務的基盤がしっかりしていれば、ちょっとやそっとの不況でも返済能力はびくともしない。これが長期的安全性だね。

短期的安全性とは

 まずは短期的安全性を測る指標を説明しよう。これは概ね1年以内の支払能力を判断するための指標だ。代表的なものとして流動比率がある。

> 流動比率（％）＝流動資産÷流動負債×100

 流動性の意味って何でしょうか？

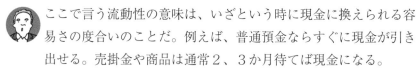ここで言う流動性の意味は、いざという時に現金に換えられる容易さの度合いのことだ。例えば、普通預金ならすぐに現金が引き出せる。売掛金や商品は通常２、３か月待てば現金になる。

流動資産って、１年以内に現金になる資産のことなんですね。やっとわかりました。

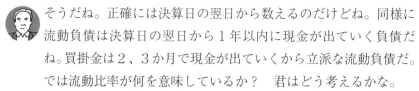そうだね。正確には決算日の翌日から数えるのだけどね。同様に流動負債は決算日の翌日から１年以内に現金が出ていく負債だね。買掛金は２、３か月で現金が出ていくから立派な流動負債だ。では流動比率が何を意味しているか？　君はどう考えるかな。

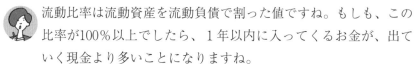流動比率は流動資産を流動負債で割った値ですね。もしも、この比率が100％以上でしたら、１年以内に入ってくるお金が、出ていく現金より多いことになりますね。

そうだね。そこで次の会計期間の支払能力は高いと判断するわけだ。

比率だけで、支払い能力がわかってしまうのですね。

┃運転資本は流動資産と流動負債の差額

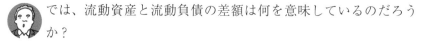では、流動資産と流動負債の差額は何を意味しているのだろうか？

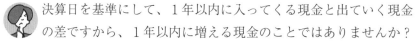決算日を基準にして、１年以内に入ってくる現金と出ていく現金の差ですから、１年以内に増える現金のことではありませんか？

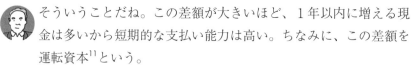そういうことだね。この差額が大きいほど、１年以内に増える現金は多いから短期的な支払い能力は高い。ちなみに、この差額を運転資本[11]という。

運転資本＝流動資産－流動負債

図6-01 運転資本は流動資産と流動負債の差額

流動資産	現金預金	流動負債	買掛金
	売掛金		未払金
	商品		短期借入金

} 運転資本

以上が平均的な会計のテキストに書かれている内容だ。だが、現実はこれほど単純ではない。だから、鵜呑みにするととんでもない失敗を招く。

テキストが間違っているのですか？

というか、そもそもスナップショットを使って、翌年1年間の支払能力を判断することに無理があるんだよ。これが第一の理由だ。

どういうことですか？

一年を通して流動資産と流動負債の割合が同じであるとは限らないからだ。貸借対照表を作成した決算日の流動資産がたまたま多かったかもしれない。

確かに。決算日が土日の場合、月末入金予定の売掛金は翌会計期間にずれ込むから、今期の売掛金は増えたように見えますものね。

11　これはビジネスプロセスで運用されているお金のこと。運転資本には現金預金、売掛金、受取手形、棚卸資産、買掛金、支払手形、その他流動資産、その他流動負債が含められる。コラム6参照のこと。

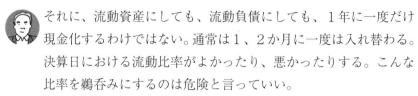それに、流動資産にしても、流動負債にしても、1年に一度だけ現金化するわけではない。通常は1、2か月に一度は入れ替わる。決算日における流動比率がよかったり、悪かったりする。こんな比率を鵜呑みにするのは危険と言っていい。

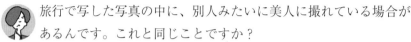旅行で写した写真の中に、別人みたいに美人に撮れている場合があるんです。これと同じことですか？

なんとも微妙な喩えだが、そういうことだ。

では、流動比率を鵜呑みにできない2つ目の理由はなんですか。

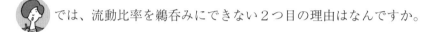流動資産の中身だ。この中には、なかなか回収できない売掛金や季節外れで売れる見通しの立たない商品在庫が含まれているかもしれない。これらが多ければ運転資本は多くなるし、流動比率は高くなる。だが、現金は入金されない。

たしかにそうですね。1年以内に現金化できないとしたら、短期の支払い能力は悪化する一方です。

お金の流れが滞っているんだ。あえて言えば「便秘状態」だね。

納得したくない喩えですけど、腑に落ちました。つまり、中身を吟味しないと流動比率とか、運転資本だけでは、全く逆の判断をしてしまうんですね。

ボクの経験から言えば、**流動比率が高く売掛金と在庫金額が多い会社ほど短期の安全性に問題がある**、と言えるね。

長期的安全性と財務レバレッジ

長期的安全性は、固定資産と固定負債と自己資本の割合でチェックします。固定比率、固定長期適合率、財務レバレッジについて説明します。

長期的安全性

 安全性のもう1つは長期の安全性だ。言い方を換えれば、長期的な支払能力のことだ。

 人に置き換えると、持ち家があって、借金は少ない家庭ですか。

 いい喩えだね。長期安全性が高い会社ほど、支払能力に余裕があり、ちょっとやそっとでは倒産しない。

 どうやって、判断するのですか。

 固定資産と固定負債と自己資本のバランスを見るのだよ。

固定比率

 まずは固定比率から説明しよう。固定資産は長期的に使用するものだから、そこに使う資金は返済の必要のない自己資本を使うのが理屈にかなっている。ここで用いる指標が**固定比率**だ。これは固定資産を自己資本（資本金・資本剰余金、利益剰余金）で割っ

た値だ。この値が100%以下なら長期安全性に優れていると判断
できる。

> 固定比率（％）＝固定資産（長期に固定化される資本）÷自己資本
> （返済の必要のない資本）×100 ＜ 100%

図6-02 固定比率は自己資本でカバーする固定資産の割合

返済する必要のない自己資本を固定資産に運用した、と見るので
すね。

自己資本の中には利益剰余金も含まれるから、株主からの出資金
と自社で稼いだお金を固定資産に投資している、と考えればい
い。

固定長期適合率

固定資産に投資する場合、自己資本だけでは間に合わないことが
多い。特に、工場を抱えている会社はね。そこで、外部からお金
を借りることになる。その借入の限度の目安が**固定長期適合率**だ。

外部って、銀行のことですか。

 そうだね。銀行だったり、社債を発行して広く投資家から調達することもあるんだ。

 うちの会社が設備投資をする時は、いつも銀行から借金しています。

 それは短期借入金かね。それとも長期借入金？

 よくわかりません。たぶん考えていないと思います。

 おいおい大丈夫かね。機械設備って、かなり長い期間使うものなのだよ。だから資金が足りない分は長期借入金などの長期の有利子負債で充当するのが合理的なんだ。

 つまり、固定資産は自己資本と固定負債以下にしなくてはならない、ということですか。

固定資産＜自己資本＋固定負債

 そうだよ。

 でも、ちょっと待ってください。長期の有利子負債は固定負債の一部ですよね。

 君の言う通りだが、一般には固定負債を使うんだよ。

 そうなんですか。わかりました。

この割合を表した指標が固定長期適合率だ。この比率は100％以下でなくてはならない。

図6-03 **固定資産は自己資本と固定負債以下にする**

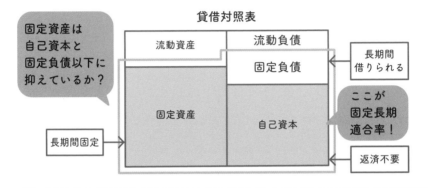

$$固定長期適合率＝固定資産÷（自己資本＋固定負債）×100＜100％$$

 なぜ100％以上ではダメなんですか？

 もしも固定長期適合率が100％以上だとしたらどのような状態だろう。

 固定資産に自己資本と固定負債以外の資金が使われていることになりますね。

 ではその資金はどこから調達するんだね。

 短期借入金ですか。

 そうだね。短期借入金は、すぐに返済期日がやってくるから、また新たな借入を起こさなくてはならない。その結果、会社の財政

状態はどんどん不安定になる。

 そういうことなんですね。うちの会社大丈夫かな……。

財務レバレッジ

 それから貸借対照表を分析する場合は、財務レバレッジに注目することが重要だ。

 財務レバレッジって何ですか？

 自己資本に対して何倍の資本を運用したかを示す指標だ。次の式で表すことができる。

図6-04 財務レバレッジと総資本

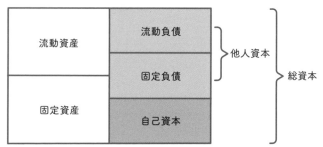

> **財務レバレッジ＝総資本（他人資本＋自己資本）÷自己資本**

 調達した資本は資産に運用するから、この割合が大きいほど運用できる資本は大きくなる。

レバレッジって、確か……。

 テコという意味だ。小さな力でも重い物を持ち上げられる、あの
テコだ。つまり、借金を増やせば自己資本が少なくても多くの資
本を運用できる。これが財務レバレッジ効果なんだ。

レバレッジ効果

 商売を拡大するには借金をジャンジャン増やせばいいんですね。

 そう考える経営者もいる。だが、借金は返さなくてはならない。
しかも、会社が新たに生成した価値、つまり利益でね。

 じゃあ、借金はしないほうがいいのですか？

そこが経営者の腕の見せ所なんだよ。借金は少ないほどいいというものではない。一流企業の多くは財務レバレッジを巧みに活用している。次の図6−05を見てごらん。君はどう考えるかな？この比率からそれぞれの経営者の考え方が推測できるよ。

図6−05 財務レバレッジの比較

財務レバレッジの比較

単位：倍

会社名	2017年3月	2018年3月	2019年3月
トヨタ	2.7	2.7	2.7
ソフトバンクグループ	6.9	6	4.7
オリエンタルランド	1.3	1.3	1.3

財務レバレッジ（倍）＝総資本÷自己資本

オリエンタルランドの財務レバレッジが１.３倍と意外と低いですね。

意外と思うだろうが、2020年３月31日のこの会社の現金預金は2600億円だった。ところが有利子負債は870億円だよ。つまり、借金する必要がないのにあえて借金をしている。

なぜですか？

そのほうが会社にとって有利だからだ。

 どういうことです？

 資金の調達コストが安くなるからだ。

 自社のお金なら利息は掛からないのに、借金すると逆に資金の調達コストが安くなる？　なんだかヘンな話ですね。

 そうだね。財務に詳しくないとなかなか理解できない点だね。詳しい説明はもう少しあとにしよう。

 わかりました。あと、ソフトバンクの財務レバレッジが4.7倍って高すぎませんか？

 ソフトバンクの2019年12月末の有利子負債は約17兆円だ。ものすごい金額だが、貸し手の銀行はソフトバンクなら返せると判断したから増え続けたのだろうね。

 借金はいずれ返さなくてはならないのですよね。でも、こんなにレバレッジを利かせすぎるのは危険ではありませんか？

 一般に財務レバレッジが高くても、借金を返せると思われているうちは問題はない。だが、経営に躓くと、金融機関や投資家たちは資金を引き上げ、株価は下落して会社の不況抵抗力が一気に弱まる。最近、ソフトバンクもウィーワークへの投資の失敗で躓いてしまった。利害関係者の見る目は厳しくなる。この会社がどんな手を打ってくるか、目が離せないね。

自己資本比率は財務レバレッジの逆数

 ついでと言っては何だが、自己資本比率も覚えておきたい指標だ。これは自己資本を総資本で割った値で、財務レバレッジの逆数だ。

自己資本比率＝自己資本÷総資本（自己資本＋他人資本）×100
財務レバレッジ＝総資本÷自己資本

 わかりやすいですね。

 自己資本は、第三者に資金を返済する必要がないから、この比率が高い会社ほど長期の安全性は高いといえる。

運転資本と正味運転資本

　運転資本とは会社がビジネスを行うにあたって必要なお金のことです。運転資本と正味運転資本についてもさまざまな見解があります。

　第一に流動資産全体を総運転資本、流動資産から流動負債を引いた差額を正味運転資本とする見解です。総運転資本のうち買掛金として他社から調達した資本を控除した残りを正味運転資本とするのです。

　第二に運転資本と正味運転資本は同じとする見解です。これはさらに次の4つの見解に分かれます。

（ア）流動資産から流動負債を差し引いた額。

（イ）現金預金を含まない流動資産から流動負債を差し引いた額。

（ウ）現金預金を含まない流動資産から短期借入金を含まない流動負債を差し引いた額。

（エ）棚卸資産＋売上債権－仕入債務

　どれが正しいというわけではなく、会計のテキストではケースバイケースで使われています。

第 **7** 章

ROA（総資産利益率）と ROE（自己資本利益率）を マスターする！

会社の命を削ってまでも ROEを高めるべきではない

お金の使い方が
一目でわかる
魔法の指標ROA

総資産利益率（ROA：Return on Assets）は最も重要な経営指標です。
ROAがどのような意味を持つのかについて、掘り下げていきます。

▌経営者の能力を見抜く

 貸借対照表を見れば経営者の能力を判断できる、と言ったら信じ
るかね。

 それってすごいですね。でも、本当にできるのですか？

 それができるんだよ。ＲＯＡ（アールオーエー）がわかればね。

 ROA？　たぶん複雑な計算なんでしょうね。

 それが違うんだな。期間利益を総資産で割るだけだからね。

 それだけですか？

 算数ではないから、計算が正しければそれでおしまい、というわ
けではない。肝心なことは、数字の背後にある事実をえぐり出す
ことだ。そこが見えてくれば経営者がどのような経営をしている
かがわかる。

この私にもわかりますか？

 もちろんだよ、ボクが教えた知識をつなぎ合わせるだけのことだ。

 ちょっと安心しました。でも、どの期間利益を使うのですか？

 会社全体の正常な収益力という意味では経常利益がいいだろう。だが、1年間で増加する富の大きさを重視するなら税引き後当期純利益だ。ボクは後者をすすめる。これが計算式だ（図7－01）。

図7－01 ROAとは

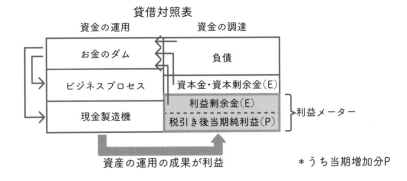

貸借対照表

ROA（％）＝税引き後当期純利益（P）÷総資産（A）×100

 なぜ税引き後当期純利益なのですか？

 損益計算書のレクチャーで学んだように、税引き後当期純利益は会社が1年間で生成した価値の増加額であり、これが貸借対照表の利益剰余金に反映されるからだ。覚えているかな。

はい。価値の増加であってお金が増えたのではない、と教わりました。

つまり、**ROA は、会社が運用している資金がどれだけの税引き後当期純利益（つまり利益剰余金）を生成したかを表している**のだよ。一言でいえば、資産に運用した資金の生産性の指標だね。

そうか！　貸借対照表の左側は、資産でもあるし、運用された資金でもあるんだ。ということは、資金をどれだけ上手に使ったかで税引き後当期純利益が変わってくるんですね！

その通り。税引き後当期純利益や利益剰余金は、資産を活用した結果を表示するメーターということができる。ボクはこれを「**利益メーター**」と呼んでいる。

利益剰余金は増加した資産とバランスを取るための分銅でしたね。「利益メーター」って言葉は、ストンと腑に落ちました。

そう言ってもらって、うれしいね。

▌ROAが決算書分析の突破口だ！

先生、聞き忘れましたけど ROA ってどういう意味ですか？

リターン・オン・アセット（Return on Assets）の頭文字だ。調達したお金を、資産である「ビジネスプロセス」と「現金製造機」で運用した結果、もたらされた税引き後当期純利益の割合のことだ。つまり、**ROA を分析する目的は、調達したお金をどのように運用して、どれだけの利益をもたらしたかを突き止めること**なのだ。

そうか！　これって最初の２つの箱（図４ -02）と同じ内容ですね。

その通り。お金を使ってお金を増やす、ということだ。資産は現金を運用したものだから、ROAの代わりにROC（Return on Capital／総資本利益率）と書かれているテキストもある。資産で見るか、資本で見るかの違いだね。

そうなんですね。

経営者は常にROAの向上を目指さなくてはならないのだ。よって、**ROAは経営者の経営能力を判断する際の重要なヒント**となる。

ROAで経営者の能力がわかる、という意味が腑に落ちないんですけど。もう少し噛み砕いて説明していただけませんか？

こう考えたらどうだろう。ここにA社とB社の経営者がいるとしよう。A社の資産は10億円で利益は1億円だ。一方、B社の資産は100億円で利益は同じ1億円とする。では、どちらがお金を有効に使っていると思うかね。

図7-02 当期利益は同額だがROAが異なるケース

	当期利益	総資産	ROA
A社	1億円	10億円	10％
B社	1億円	100億円	1％

それはA社です。だってA社の社長はB社の10分の1のお金で、同じ額の利益を出しているからです。

そうだね。君は無意識にROAを計算したのだよ。つまりA社のROAは10％であるのに対して、B社のROAはわずか1％に過

ぎないとね。損益計算書を見ただけでは、効率的な経営を行っているかはわからない。

でも、利益が1億円で資産に運用した資金が10億円と100億円ならROAを知らなくたって直感でわかりますよね。

ではこちらはどうだろう。C社の利益が12億円、D社は利益9億円だったとしよう。どちらの会社が効率的な経営をしているだろうか。

それはC社です。だって、利益が3億円も多いですから。

多くの経営者も君と同じように考える。売上と利益しか関心のない君のお父さんも間違いなくC社と答えるだろうね。ROAは資産運用の巧拙を見抜く指標であると同時に、資金の運用の巧拙も見抜けるんだ。大切な点は、どれだけの資金を運用したかだ。仮に、C社とD社の総資産を119億円と79億円としたらROAはいくらになるかな？

図7-03 当期利益は少ないがROAは高くなるケース

	当期利益	総資産	ROA
C社	12億円	119億円	10.0%
D社	9億円	79億円	11.4%

C社は10.0%（12÷119）で、D社は11.4%（9÷79）です。D社の方がお金を効率的に使っていることになりますね。

その通り。D社はC社より利益が少ないのに、お金の使い方は優っているということだ。このようにROA比率を使えば客観的

にどちらが優れているかが分かる。

ROAを引き上げる

 ボクがROAは経営者の能力を評価する有効な指標だ、と言った意味はわかったね。

 はいよくわかりました。それにしても貸借対照表って奥が深いですね。

 そうだね。では、もう少し深掘りしてみよう。ROAを引き上げるために、君は将来の経営者として何をすべきだろう？

 雑用係の発想ではダメなんですね。じゃあ、父の代行として考えるとしたら……えっと、こういうことですか。
売上高を増やし費用を減らして税引き後当期純利益を増やします。それから分母の総資産も減らす。正解ですか？

カノンの考え
ROA ↑＝税引き後当期純利益↑（売上高↑－費用↓）
÷総資産↓（流動資産↓＋固定資産↓）

 そうだね。間違ってはいないが、あまりに単純すぎる。雑用係の発想から抜け切れていない。

 ガクッ。

 これまでに教えたことを総動員して、もっと深く考えてみたまえ。

 わかりました。まず税引き後当期純利益を増やすには、営業を強化したり、売れる商品を開発して売上高を増やします。それから

費用を減らすには手っ取り早くムダな費用を削ります。どうですか？

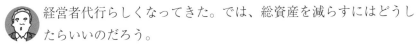
経営者代行らしくなってきた。では、総資産を減らすにはどうしたらいいのだろう。

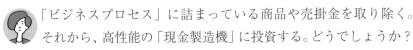
「ビジネスプロセス」に詰まっている商品や売掛金を取り除く。それから、高性能の「現金製造機」に投資する。どうでしょうか？

かなり良くなったね。だが、まだ総務部長止まりだ。

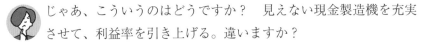
じゃあ、こういうのはどうですか？　見えない現金製造機を充実させて、利益率を引き上げる。違いますか？

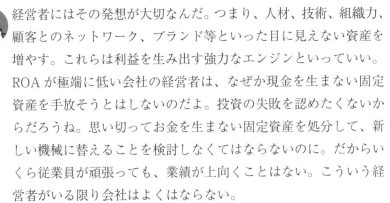
経営者にはその発想が大切なんだ。つまり、人材、技術、組織力、顧客とのネットワーク、ブランド等といった目に見えない資産を増やす。これらは利益を生み出す強力なエンジンといっていい。ROAが極端に低い会社の経営者は、なぜか現金を生まない固定資産を手放そうとはしないのだよ。投資の失敗を認めたくないからだろうね。思い切ってお金を生まない固定資産を処分して、新しい機械に替えることを検討しなくてはならないのに。だからいくら従業員が頑張っても、業績が上向くことはない。こういう経営者がいる限り会社はよくはならない。

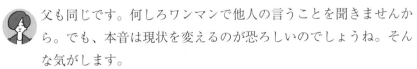
父も同じです。何しろワンマンで他人の言うことを聞きませんから。でも、本音は現状を変えるのが恐ろしいのでしょうね。そんな気がします。

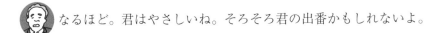
なるほど。君はやさしいね。そろそろ君の出番かもしれないよ。

株主が重視する指標は ROE

ROA と比較される指標に自己資本利益率（ROE：Return on Equity）があります。エクイティとは自己資本のことです。ROE がどのような意味を持つのかについて解説します。

有能な経営者を見抜く指標も ROE

 次は ＲOE だ。

 えぇ、まだあるのですか。どっと疲れました。フゥ〜。

 君は将来お父さんの会社を引き継ぐつもりだよね。それなら ROE も知っておく必要がある。

 ROE って何でしょうか？

図7-04 ROEとは

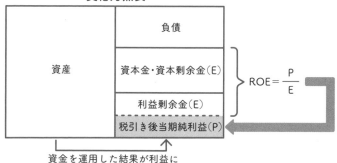

リターン・オン・エクイティの頭文字だ。エクイティは株主の持ち分のことだから、自己資本利益率と訳される。

> ROE（％）＝税引き後当期純利益÷自己資本×100

 この単語、新聞で見たことがあります！

 これは、ビジネスパーソンなら誰でも知っておかなくてはならない経営指標だよ。

 そうなんですね。しっかり勉強しなくちゃ。

 簡単に言えば、ROE は会社のオーナーである投資家の投資利益率のことなんだ。

 先生、簡単ではありません。ますますわからなくなっちゃった。

 株主は将来儲かると思うからお金を投資する。

 当たり前ですよね。

 それを判断する指標が ROE なんだよ。つまり、ROE が高くなると考えれば、投資家は資金を投資する。

 ROE が上昇するという意味は、自己資本に対して税引き後当期純利益が増えることですか？

 そうだね。利益が増えれば配当も増えるし、株価も上がる。そこで、投資家はその会社の株を買う。すると株価はますます上昇する。

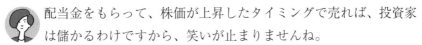 配当金をもらって、株価が上昇したタイミングで売れば、投資家は儲かるわけですから、笑いが止まりませんね。

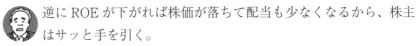 逆に ROE が下がれば株価が落ちて配当も少なくなるから、株主はサッと手を引く。

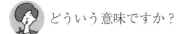 だから、上場会社の経営者は、ROE を高めることに腐心しているんだ。でも、ちょっと待ってください。経営者の能力は ROE ではなくて、ROA で見分けるのではなかったのでは？

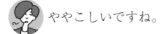 そこなんだよ。会社にとって有能な経営者でも、投資家にとって有能とは限らないんだ。

どういう意味ですか？

株主の関心は ROE であって、ROA ではないということだ。

 ややこしいですね。

 会社経営にとって大切な指標は ROA であることは説明した。だが、株主は自分の利益を考えて行動する。つまり投資した資金の利回りを考えて行動している。たしかに会社経営にとって ROA は重要だとしても、ROE が低ければ投資家にはなんの魅力もないんだ。

頭が混乱してきました！

すぐにわかることだ。

ROEを計算する

 投資家が重視する ROE について考えていく。最初に、もう一度 ROE（自己資本利益率）の計算式を確認してみよう。

> ROE（%）＝税引き後当期純利益÷自己資本×100

 自己資本って、資本金・資本剰余金と利益剰余金の合計額ですね。

 これらは株主に帰属する資本だ。「株主から調達した資本」といっていい。

 株主から見れば、自己資本は自分のお金ですね。

 株主は自分のお金、つまり自己資本がどれだけの利益をもたらしたかに関心がある。その指標が ROE だ。

図7-05 ROAとROEの計算式

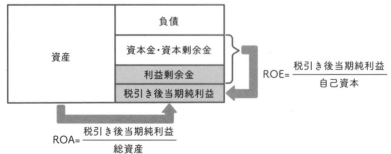

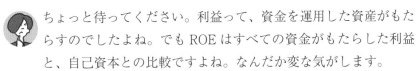 ちょっと待ってください。利益って、資金を運用した資産がもたらすのでしたよね。でも ROE はすべての資金がもたらした利益と、自己資本との比較ですよね。なんだか変な気がします。

そうだね。株主が新たに資金を振り込まなくても、運用する資金を増やせば利益は増えることになる。

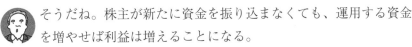 そんな虫のいい話ってあるのですか？

会社が借金すればいい。

 確かに。株主がお金を振り込まなくても、会社が借金すれば運用する資金が増えます。株主には都合のいい話ですね。

そうだね。しかも利益が増えれば配当も増え、一株当たりの利益も増える。そうなれば株価も上がる。だから投資家は ROE に関心を持つのだ。

そこなんですけど。借金を増やせば利益が増えるという意味を、もう一度説明してください。

 利益をもたらすのは何だったかな。

資金を運用した資産です。

そうだね。借金して使える資金が増えれば事業規模は拡大する。とはいえ、何でもかんでも投資金額を増やせばいいというわけではない。利益をもたらす資産を選び抜いて大胆に投資しなくてはならない。

借金した資金を上手に使うから利益が増えるんですね。

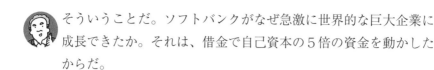 そういうことだ。ソフトバンクがなぜ急激に世界的な巨大企業に成長できたか。それは、借金で自己資本の５倍の資金を動かしたからだ。

 借金が上手だってことですね。

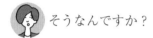 そうだね。その投資先が利益を上げてきた。実はROEの式には重要な部分が隠れているんだよ。

そうなんですか？

次の式を見てごらん。分母と分子にそれぞれ総資産を挿入する。

図7-06 ROEとROEの違いは分母の違い

$$ROE＝\frac{税引き後当期純利益（P）}{自己資本（E）}$$

ROE　　　　　　　　ROA　　　　　　財務レバレッジ

$$\frac{税引き後当期純利益}{自己資本}＝\frac{税引き後当期純利益}{総資産}×\frac{総資本（＝総資産）}{自己資本}$$

総資産と総資本（他人資本と自己資本）は同額だから、ROEは、ROAに財務レバレッジをかけた値ということだ。この意味はわかるかな。

式は理解できますけど、どんなことを意味しているかはわかりません。

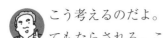 こう考えるのだよ。まず、利益は資金の運用、つまり資産によってもたらされる。この割合を表した指標が ROA だったね。

 はい。

借金漬けにするほどROEは高くなる

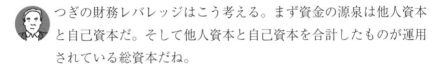 つぎの財務レバレッジはこう考える。まず資金の源泉は他人資本と自己資本だ。そして他人資本と自己資本を合計したものが運用されている総資本だね。

 はい。この総資本は総資産と同額になります。

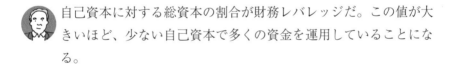 自己資本に対する総資本の割合が財務レバレッジだ。この値が大きいほど、少ない自己資本で多くの資金を運用していることになる。

 借金をすればするほど運用できる資金は増えますから。

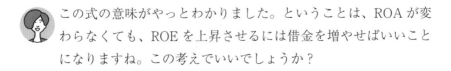 そうだね。つまり、ROE を高めるには ROA を高めて、財務レバレッジを増やせばいいことになる。

ROE ↑ = ROA ×財務レバレッジ↑

 この式の意味がやっとわかりました。ということは、ROA が変わらなくても、ROE を上昇させるには借金を増やせばいいことになりますね。この考えでいいでしょうか？

その通り。図7-07のように ROA が変わらなくても、借金をして財務レバレッジを倍に増やせば ROE も倍に上昇するんだよ。

でも、ちょっと変だなあ。借金漬けにするほど ROE が高くなるなんて危険ですよね。

図7-07 借金して財務レバレッジを
倍に増やせばROEも倍に上昇する！

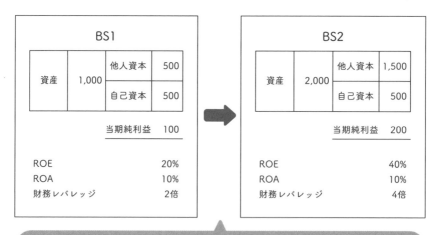

BS2では借金をして他人資本が500から1500に増えた結果、
ROAは同じ10％でもROEは20％から40％に増えた。

それは、さっきボクが指摘した点だね。調達した資金の運用が利益を生んでいるうちはいい。だけど、十分な利益をもたらさなかったり、事業に失敗して ROA が低下し始めたら危険信号だ。

それでも、株主は ROE しか興味がないのですか？

会社の成長を考えて、株式を長く保有する株主は ROA を重視する。目先の利回りだけを考えて、配当と株価の値上がりだけしか

興味がない株主は ROE しか考えない。ROE が下がればさっさと株式を売ってしまうんだ。

 金の切れ目は縁の切れ目ですか。株主って冷たいんですね。

 そうともいえるね。会社の経営が悪化した場合、株主は株式を売り逃げすればいい。だが経営者はそうはいかない。常に ROA の向上を目指さなくてはならない。確かに ROE は大切な指標だ。けれども、会社の命を削ってまでも ROE を高めるべきではない。

 会社の命ですか。ちょっと大げさでは？

 まあ聞きなさい。式からわかるように、ROE を高めるには税引き後当期純利益を増やすか、自己資本を減らせばいい。

 そうですね。

 最も効果的に ROE を高めるには、市場に流通する自社の株式を買えばいいよね。これは自己資本を直接減らす効果がある。アメリカには、借金して自社株買いを進め、その結果、債務超過に陥ってしまった会社が少なくないんだ。

自己資本－自社株式＜０……債務超過

 債務超過って何でしょうか。

 会社の負債の総額が資産の総額を超える状態のことだ（コラム 7 参照）。

借金のし過ぎですね。でも、しっかりした会社はそんなことはしませんよね。

さあどうかな。新聞に「レバレッジ経営」というこんな記事が載っていた。

「財務体質を強化するより、自社株買いで株主に還元する傾向が強かった。借金して自社株買いする企業もあり、マクドナルドやヒルトンは負債が資産を上回る債務超過となっていた」（日本経済新聞2020年3月26日）

どちらも超有名な会社ですね。

誰でも知っている会社だ。言うまでもないことだが、会社経営の原点は持続可能性なんだよ。今回のコロナ禍によって、株主のご機嫌取りのためにROEを重視しすぎて、財務体質を犠牲にしてきた会社が窮地に陥っている。経営者の信念が問われているといえるね。

債務超過の意味

　債務超過とは会社の負債の総額が資産の総額を超える状態のことです（貸借対照表1）。これは資産を全部お金に換えて負債の返済に充てても、返済しきれない状態のことです。これが負債超過の状態です。しかし、負債超過で会社が倒産するわけではありません。あくまでも、すべての資産を処分してお金に換えても、そのお金では会社が抱える債務を返済できないから倒産するのです。

図 7 −08

貸借対照表1

資産	15,000	負債	20,000
		債務超過	−5,000
計	15,000	計	15,000

貸借対照表2

資産	5,000	負債	10,000	
		自己資本	5,000	
		自己株式	−10,000	債務超過額−5,000
計	5,000	計	5,000	

自己株式購入は自己資本のマイナス

　預金で自己株式10,000株を購入した状態が貸借対照表2です。自己株式の購入は自己資本の払い戻しと同じですから、自己資本のマイナスとして処理します。この例では、自己資本5,000の会社が自己株式10,000株を購入しましたから、計算上の自己資本はマイナス5,000となり、債務超過となってしまいます。

第 **8** 章

6日目

キャッシュフロー計算書(CF)を理解する①

キャッシュフローは
嘘をつかない

キャッシュフロー
計算書は
最強の決算書

第三の決算書がキャッシュフロー計算書です。キャッシュ・フロー（Cash flow）とは現金の流れのことで、貸借対照表で何度も出てきた資金の調達と運用のことです。詳しく見ていきましょう。

▍現金（キャッシュ）は嘘をつかない

 いよいよ最後の決算書、キャッシュフロー計算書だ。唐突な質問だがいいかな。

 いいですよ。先生のレクチャーには慣れてきましたから。

 ここに2人の男性がいる。1人はお金持ちで外見も申し分ない。君の好みを知っていて、誕生日には高価なアクセサリーをプレゼントしてくれる。だが、ときどき辻褄の合わないことを言ったりする。自分の家族の話はほとんどしない。
もう1人は、外見は十人並みだ。おしゃれのセンスもイマイチで、デートは居酒屋かファミレスと決まっている。だが約束は必ず守る。誠実で決して嘘はつかない。君を思う気持ちは他の誰にも負けない。さて、君は生涯の伴侶としてどちらの男性を選ぶかね。

 結婚となれば、見栄えは十人並みでも嘘をつかない男性ですかね。誠実で嘘をつかないことは、その人と生きていくうえで一番重要な条件だと思います。

 君はしっかりしたお嬢さんだね。ボクが君の父親なら、迷わずその誠実な男を薦めるね。実社会で最も大切なのはインテグリティ、

つまり誠実さだ。だが、世の女性たちは、職業や収入や外見で相手を選びがちだ。まあ、男性も似たようなものか。

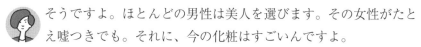
そうですよ。ほとんどの男性は美人を選びます。その女性がたとえ嘘つきでも。それに、今の化粧はすごいんですよ。

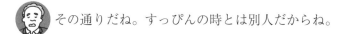
その通りだね。すっぴんの時とは別人だからね。

それって、先生の経験ですか?

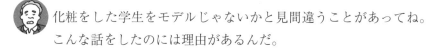
化粧をした学生をモデルじゃないかと見間違うことがあってね。こんな話をしたのには理由があるんだ。

理由ですか?

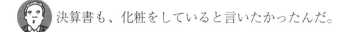
決算書も、化粧をしていると言いたかったんだ。

女性と同じように、ですか?

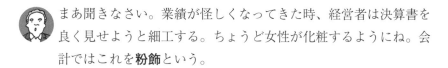
まあ聞きなさい。業績が怪しくなってきた時、経営者は決算書を良く見せようと細工する。ちょうど女性が化粧するようにね。会計ではこれを**粉飾**という。

会社の経営者も決算書をお化粧するのですね。知らなかったです。

いちばん粉飾しやすい決算書は損益計算書だ。赤字なのに利益が出たように数字を操作するのだよ。だが世の中の人たちの多くは、操作したことに気づかない。損益計算書の数字を鵜呑みにしてしまうんだな。

誰でもダマされるのですか？

 損益計算書しか見ない人はね。

 父も私も同じかな……。

 その可能性は高いね。ここで大事な点は、化粧は化粧に過ぎないということだ。赤字を黒字に見せかけても、会社の実態は何も変わらないのだよ。

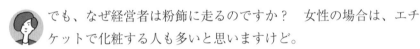

なぜ経営者は粉飾決算に走るのか？

 でも、なぜ経営者は粉飾に走るのですか？　女性の場合は、エチケットで化粧する人も多いと思いますけど。

 粉飾の動機はさまざまだね。まず、銀行からお金を借りる時だ。銀行は赤字会社には融資はしない。業績が良い時には借りてほしいと頭を下げるのに、業績が悪くなると途端に態度を変えるんだ。

 いやな話ですね。

 資金が途切れたら会社は倒産する。会社が潰れたら社員全員が路頭に迷う。経営者は必死だよ。そこで粉飾に手を染めるというわけだ。

 そうなんですね。ところで、正しい決算書と粉飾した決算書の境目ってあるのですか？

 いい質問だね。実際は、会計ルールが許す範囲で、決算書を多少

化粧することは認められている。だが、一線を越えてはいけない。悩ましいことに、この境目が微妙ときている。実際のところ、明らかな粉飾でない限り見抜くのは難しいね。

 例えば、どんな方法で利益を操作するのですか？

 架空の売上を立てたり、今期の費用を来期にずらしたり、だね。

 逆に、黒字なのにわざと赤字に見せかけることはあるのですか？

 税金を逃れるためにね。中小企業ではよくある話だ。

 つまり損益計算書は事実を表してはいないんですね。じゃあ、何を信じたらいいのでしょうか。

 その問いに答える前に、会計のプロなら誰もが知っている箴言を教えよう。

利益は意見、されど現金は事実
Profit is a matter of opinion, Cash is a fact.

 「利益」って、損益計算書の利益ですか？

 その通り。期間利益のことだ。

 誰の意見なのですか。

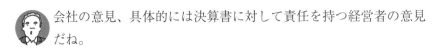 会社の意見、具体的には決算書に対して責任を持つ経営者の意見だね。

利益は経営者の意見なのですか。知らなかった。

君のお父さんの会社の決算書も、お父さんの意見が入り込んでいる。

じゃあ、「現金は事実」はどう解釈したらいいのでしょうか?

粉飾している会社の社長がいくら「わが社は過去最高の利益を計上しました」と公表しても、預金残高がゼロの通帳を見れば一瞬でバレてしまうよね。これが事実だ。

ファクトチェックですね。

ボクは大学で公認会計士を目指す学生にこの言葉を教えている。

> **キャッシュフローは嘘をつかない**

名言ですね。

ボクが若い頃先輩から教わった言葉だ。お金が回っていれば会社は絶対に潰れないからね。

本当に絶対に潰れないのですか?

そう、絶対に潰れない。しかし、どんなに利益がでている会社でも、お金の流れが止まってしまえば即死だ。大切なのは、お金の流れが途切れたら会社は存続できないという現実なのだ。この意味で、お金は会社の血液そのものなのだ。

お金は会社の血液ですね。前にも聞きました。

キャッシュフロー計算書は
1年間のお金の収支総額をまとめたもの

そうだったかね。1年間のお金の収支総額をまとめた決算書が「キャッシュフロー計算書」だ。
君に知ってほしいのは、お金の流れをつぶさに分析すれば、会社の健康状態はほぼ正確につかむことができるということだ。

キャッシュフロー計算書を読めるようになれば、会社の本当の姿がわかるのですか？

その通り。損益計算書よりもはるかに頼りになる。会社が病気なのか、病気の原因がどこかもわかる。

すごい！　でも、信じられない。

君なら今日のレクチャーが終わる頃には、完璧に理解できるはずだ。

完璧を目指してがんばります！

LECTURE 02 キャッシュフロー計算書の仕組みを理解しよう！

キャッシュフロー計算書は、①営業キャッシュフロー、②投資キャッシュフロー、③財務キャッシュフローの３つに分かれます。
それぞれどういうものなのか、詳しく見ていきましょう。

■ キャッシュフロー計算書の構造とは

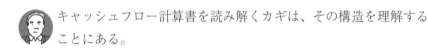
キャッシュフロー計算書を読み解くカギは、その構造を理解することにある。

難しいんでしょうか？

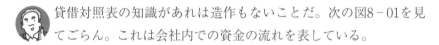
貸借対照表の知識があれは造作もないことだ。次の図8−01を見てごらん。これは会社内での資金の流れを表している。

貸借対照表のレクチャーで見た図と同じですね。

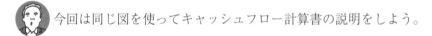
今回は同じ図を使ってキャッシュフロー計算書の説明をしよう。

図 8 - 01 キャッシュフロー計算書は
一定期間に流れたお金を表している

水路の図

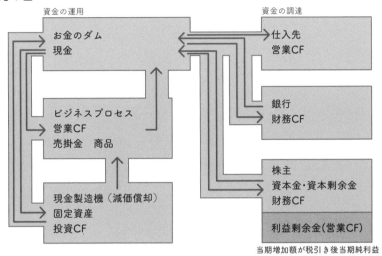

キャッシュフロー計算書は資金量が載っている

 これは貸借対照表で使ったものと同じ図だが、見方が違う。貸借
対照表は決算日の瞬間を表したスナップショット（静止画）だ。
一方、これから説明するキャッシュフロー計算書は、1年間に流
れた現金収入と現金支出の額を表したものだ。

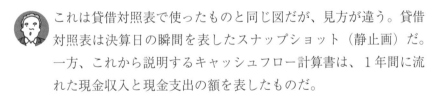 スナップショットか1年間で流れた現金の額かの違いですか？

 ピンとこないようだね。君の顔に書いてある。

 やっぱり。

 キャッシュフロー計算書は「お金のダム」を中心に、現金の収支を表現したものなのだ。

 「お金のダム」って貸借対照表でいうと現金預金でしたね。

そうだね。決算期末の現金預金の残高が載っている。一方のキャッシュフロー計算書には、1年間で「お金のダム」に流入・流出した資金が、「ビジネス」と「現金製造機」と「財務」に関わるものに分けて載っている。

 もう少し具体的に説明していただけませんか？

3日目に勉強した図4-05をもう一度見て欲しい。現金の運用先は「ビジネスプロセス」と「現金製造機」だったね。「ビジネスプロセス」に運用された現金は「商品」と「売掛金」を経て再び現金で回収される。そして、現金はこの「ビジネスプロセス」で増加する。また、仕入代金の支払い時に現金は支出される。これが「営業キャッシュフロー」だ。

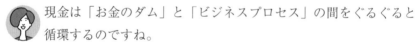 現金は「お金のダム」と「ビジネスプロセス」の間をぐるぐると循環するのですね。

商売が順調に回っている会社の現金は「ビジネスプロセス」と「お金のダム」を循環しながら増加する。**一定期間に新たに増えたお金を「営業キャッシュフロー」**という。

一定期間に生成された価値が利益で、その期間に新たに増えた現金が営業キャッシュフローということですか。

そうだね。利益は価値の増加、営業キャッシュフローは現金の増加だ。ボクは増えた現金を「儲け」と表現して、「利益」とは区別するようにしているんだ。

儲けって、お財布にお金が貯まるって感じですものね。

 現金のもう１つの運用先は「現金製造機」だったね。このうち有形固定資産として運用された現金は、減価償却を通して毎年の売上から回収される。回収したお金は社内に蓄えられる。これを自己金融機能という（コラム８）参照。土地とそれ以外の資産はそれが売却された時に回収されるんだ。減価償却についてはあとで説明しよう。

 現金製造機に運用された現金も回収されて「お金のダム」に戻ってくるのですね。

 そういうことだ。

 それが図に書かれている矢印の意味なんですね。わかりました。

｜ キャッシュフロー計算書の３つの構造

 一年間の現金収支を「ビジネス」と「現金製造機」と「財務」に再編成したものが「キャッシュフロー計算書」なんだ。

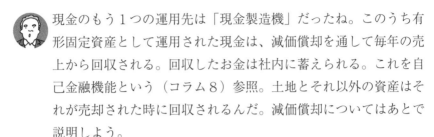

図8-02 キャッシュフロー計算書（お金のダム）

		(単位：百万円)
1 営業キャッシュフロー（ビジネスプロセス）	3,767	
2 投資キャッシュフロー（現金製造機）	△2,697	
3 財務キャッシュフロー（銀行）	△584	
現金の増減額	486	
現金の期首残高	3,219	
現金の期末残高	3,705	

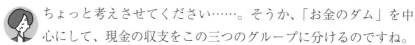ちょっと考えさせてください……。そうか、「お金のダム」を中心にして、現金の収支をこの三つのグループに分けるのですね。

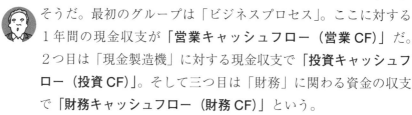そうだ。最初のグループは「ビジネスプロセス」。ここに対する1年間の現金収支が「**営業キャッシュフロー（営業CF）**」だ。2つ目は「現金製造機」に対する現金収支で「**投資キャッシュフロー（投資CF）**」。そして三つ目は「財務」に関わる資金の収支で「**財務キャッシュフロー（財務CF）**」という。

具体的な例で教えていただけませんか？

小規模な飲食店はどうかな。1か月間の売上収入と、食材の仕入代金、人件費、家賃、電気代などの支払いとの収支差額が「営業キャッシュフロー」だ。つぎに、厨房の冷蔵庫、ガスレンジ、調理機器、フロアのテーブルや椅子を購入するために使った現金が「投資キャッシュフロー」。そして、株主が振り込んだ資本金や銀行からの借入金収支が「財務キャッシュフロー」だ。どう、イメージは湧いたかな。

はい、よくわかりました。

図8-01を「営業キャッシュフロー」と「投資キャッシュフロー」と「財務キャッシュフロー」に分けて説明しよう。

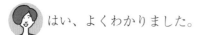営業キャッシュフロー

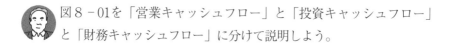図8-03のように営業キャッシュフローは「お金のダム」と「ビジネスプロセス」と「仕入先」間の現金収支を表している。

154

図8-03 営業キャッシュフローは
ビジネスプロセスおよび仕入先との現金収支

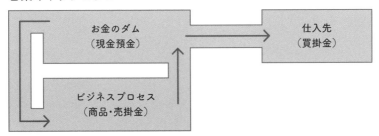

営業キャッシュフロー

・1年間の売上収入（営業収入）
・1年間の食材、人件費、家賃、電気代などの現金支出（営業支出）

投資キャッシュフロー

 投資キャッシュフローは「お金のダム」と「現金製造機」の間の
現金収支だ。

図8-04 投資キャッシュフローは固定資産に対する現金収支

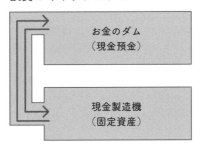

投資のキャッシュフロー

・1年間で厨房の冷蔵庫、ガスレンジ、調理機器、フロアのテーブルと

椅子を購入するために使った現金支出

・1年間に固定資産を売却した現金収入

財務キャッシュフロー

 財務キャッシュフローは「お金のダム」と「銀行」及び「株主」間の現金収支だ。

図8-05 財務キャッシュフローは財務に関わる資金の流れ

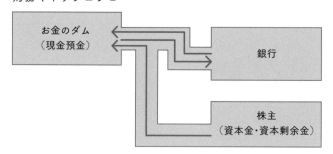

・1年間に株主が振り込んだ資本金や銀行からの借入と返済

・配当金の支払い

 先生質問です。図8-01では現金製造機とビジネスプロセスがつながっていますけど、この意味は何ですか？

 いい点に気づいたね。これは減価償却によって投資した資金が回収されたことを意味している（コラム8参照）。

 この図でお金の流れが少しわかってきました。

そうかね。キャッシュフロー計算書には面白さが詰まっているんだ。これをマスターすれば君の会計に対する見方は大きく変わるはずだ。

 そうですか。がんばらなくっちゃ！

減価償却の自己金融機能とは

減価償却によって、固定資産の購入に使った現金を、それを使用する期間の売上金額から全額回収することができます。これを自己金融機能と言います。

図8-06 自己金融機能

	損益計算書	キャッシュフロー
売上高	1,000	1,000
支出を伴う費用	600	600
支出を伴わない費用(減価償却費)	200	0
利益	200	400

実際の利益より減価償却費分、現金収支差額が多くなる

固定資産を使うことで、毎年1,000の売上高がもたらされ、売上代金は全て現金で入金されるとします。上図の例は売上高が1,000で利益200が出ていることから、支出を伴う費用(600)の全額は売上収入で回収されたことがわかります。一方、減価償却費(200)に相当する現金支出は前期以前に済んでいて、当期の現金支出がありません。つまり、減価償却費に相当する売上収入(200)はまるまる社内に蓄積されることになります。以前に支出した固定資産代金が今期の売上で回収されたとも言えます。しかもこの金額には税金はかかりません。減価償却のこのような働きを自己金融機能と言います。

第 **9** 章

キャッシュフロー計算書（CF）を理解する②

利益がでていても、
税金を払うお金がない
のはなぜ？

直接法による
営業キャッシュフロー
を知る

営業キャッシュフローの計算方法は、直接法と間接法の2種類があります。ここでは、直接法による営業キャッシュフローについて説明します。

▌営業キャッシュフローは直接法と間接法の2つがある

「営業キャッシュフロー」は商売によって増えた現金のことだったね。

会社の「儲け」ですね。

実は「営業キャッシュフロー」の作成方法は直接法と間接法の2種類があるんだ。直接法はさっき説明した「ビジネスプロセス」と「仕入先」との現金収支を表にしたもので、間接法は貸借対照表を加工して作成する方法だ。

どちらかを理解すればいいのでしょうか？

両方がわかって初めて「営業キャッシュフロー」が理解できる。

そうですか。大変そうですけど、頑張ります！

まずは直接法から説明しよう。繰り返しになるが、これは「ビジネスプロセス」と「仕入先」との間で生じた現金収支を総額で表したものだ。

 先生、ものすごく基本的な質問をしたいのですが、いいですか？

 もちろん。

 営業キャッシュフローの「営業」ってなんでしょうか。うちの会社にも営業部があって、お客様を回って注文をとっています。営業キャッシュフローの営業も同じ意味ですか？

 営業の仕事は注文を取って商品を売るだけではないんだ。顧客から注文を取り、商品を仕入れ、仕入れた商品を販売し、代金を回収するまでの一連の仕事、つまりビジネスプロセスが営業活動なのだ。

 ということは、営業キャッシュフローって「ビジネスプロセス」の過程で生じた現金収支の差額のことなのですか？

 差額だけではなく、営業収入つまり「ビジネスプロセス」から「お金のダム」への入金と、営業支出つまり「お金のダム」から「ビジネスプロセス」への出金を含むのだよ。

 そうか。損益計算書の利益を収益と費用の差額で表しているように、キャッシュフロー計算書も現金収入から現金支出を差し引きする形で収支差額を表しているのですね。

 その通り。

利益と営業キャッシュフローの違い

 もう1つ教えてほしいのですけど。利益と営業キャッシュフローはどこが違うのですか？　まだよくわかっていないのですけど。

 そうかね。こんな例で考えたらどうかな。君は、オーストリアの会社からチョコレートを仕入れて、近所のレストランに卸しているとしよう。1枚500円の商品を現金で買ってきて1500円で掛売している。1か月間の仕入は50万円で売上高は150万円とする。売上代金は翌月末に銀行口座に振り込まれる約束だ。

当月の現金支出50万円→商品50万円→売掛金150万円→現金入金150万円

 「ビジネスプロセス」は、オーストリアの会社からチョコレートを仕入れて、それをレストランに販売し、代金を回収するまでの過程だ。利益はいつ生じるのだったかな。

 チョコレートをレストランに引き渡して売買が成立した時です。

 正解だ。

 復習しましたから。

 チョコレートを引き渡した時点で、売上債権に形が変わる。つまり、50万円の価値が150万円の価値に変わったわけだ。この差額だけ会社の価値は増加した。これが利益だ。だが、現金は増えていない。

 そうか。価値は増加したけど現金は受け取っていないんだ。

162

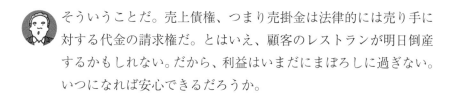

そういうことだ。売上債権、つまり売掛金は法律的には売り手に対する代金の請求権だ。とはいえ、顧客のレストランが明日倒産するかもしれない。だから、利益はいまだにまぼろしに過ぎない。いつになれば安心できるだろうか。

代金が銀行口座に振り込まれた時です。

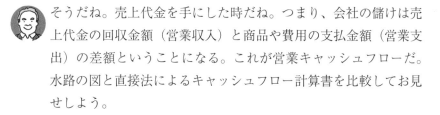

そうだね。売上代金を手にした時だね。つまり、会社の儲けは売上代金の回収金額（営業収入）と商品や費用の支払金額（営業支出）の差額ということになる。これが営業キャッシュフローだ。水路の図と直接法によるキャッシュフロー計算書を比較してお見せしよう。

直接法は理に適っているが欠陥がある

図9-01 キャッシュフロー計算書の全体像

水路の図

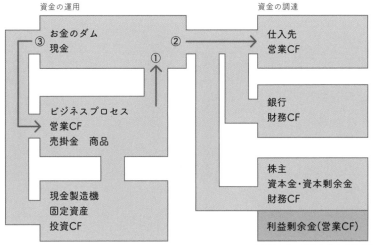

直接法による営業キャッシュ・フロー

営業収入	29,594	①
営業支出		
商品仕入による支出	11,020	②
人件費の支出	2,800	③
その他の支出	12,007	③
営業活動によるキャッシュフロー	3,767	

 直接法ってお金の流れそのものでわかりやすいし、作るのは簡単
そうですね。

 そうだね。しかし実際には、ほとんどの会社で直接法は採用され
ていないんだよ。

なぜですか？

　たしかに直接法は理にかなっている。だが重大な欠陥がある。通常、税引き後当期純利益の金額と儲けである営業キャッシュフローの金額は一致しない。直接法では、この差額がどうして生じるのか原因がわからないのだ。

　たしかに。それでは経営者は不安ですね。でも、ちょっと待ってください。先生は、直接法は理にかなっているとおっしゃいました。でも欠陥があるとも。矛盾しているようにも聞こえるのですけど。

　君もずいぶん成長したね。そこに気づくとは大したものだ。

　おだててもだめですよ。先生、どうなんですか？

　すごい迫力だね。では、説明しよう。キャッシュフローとは現金収支のことだ。会社は現金収支を直接法で作成するから、計画と実績を比較するにはキャッシュフロー計算書は直接法でなくてはならない。ところが現実は間接法で作成する。この結果、現金の収支計画と収支実績が別々の計算になってしまうため、計画と実績を比較できない。

　そうか。そもそも間接法によるキャッシュフロー計算書って貸借対照表を加工して作るのでしたね。だから現金の入金も出金も載っていないということですか。

　そういうことだ。だから直接法がキャッシュフロー計算書の原則と考えるべきだと、ボクは思う。

間接法による
キャッシュフロー
計算書をチェック

間接法は現金以外の資産、負債、資本の増減から現金の増減を間接的に求める方法のことです。利益が出たのに現金がない理由が一目でわかるようになります。

間接法が一般的な理由

 先ほど述べたように直接法がキャッシュフロー計算書の原則と考えるべきなのだが、実務では間接法の方が一般的だ。

 なぜですか？

 その理由は2つある。税引き後当期純利益と現金収支差である営業キャッシュフローの差額が証明できることだ。

 それって、どんないいことがあるのですか？

 いいことね。ボクは中小企業の経営者から「利益がでていても、税金を払うお金がないんです。計算が間違っているのでしょうか？」とよく聞かれる。

 父も同じことを言っていました。経理部や会計事務所に不信感があるみたいです。

 その不信感の原因は会計に対する無知なんだ。その差額が生じた原因を明快に証明してくれるのが、間接法によるキャッシュフロー計算書なのだ。

そうなんですね。じゃあ2つ目の理由は？

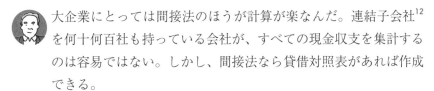 大企業にとっては間接法のほうが計算が楽なんだ。連結子会社[12]を何十何百社も持っている会社が、すべての現金収支を集計するのは容易ではない。しかし、間接法なら貸借対照表があれば作成できる。

 うちの会社のような中小企業はどうですか？

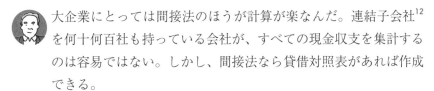 中小企業なら現金収支は簡単に集計できる。だから直接法だけでなく間接法のキャッシュフロー計算書も作成すべきだ。利益が出たのにお金がない理由が一目でわかるようになる。雛形をお見せしよう（図9-02）。

間接法によるキャッシュフロー計算書

 難しそうですね。そもそも間接法という意味がわからないのですけど。

 現金収支の総額から現金の増減額を計算する方法が直接法。これに対して間接法は貸借対照表の現金以外の資産、負債、資本の増減から現金の増減を間接的に求める方法だ。

 わかったようでよくわかりませんが……。

 つまりこういうことだ。ここにミカンが10個ある。君が3個食べたとすると残りは7個だ。これが直接法だ。間接法は残りのミカン7つから、君が食べた個数を計算する方法だ。

---

12 連結決算を行っている会社において、企業の連結財務諸表の対象となる子会社のことを連結子会社と言う。

図9-02 間接法によるキャッシュフロー計算書

自20X0年4月1日至20X1年3月31日	単位:百万円
税引後当期純利益	1,883
減価償却	1,792
売掛金の増加	-246
商品の増加	-167
買掛金の増加	95
その他	410
営業キャッシュフロー	3,767
有形固定資産購入	-1,452
投資有価証券購入	-1,245
投資キャッシュフロー	-2,697
長期借入金増加	4,367
長期借入金返済	-4,951
財務キャッシュフロー	-584
純キャッシュフロー	486
現金の期首残高	3,219
現金の期末残高	3,705

直接法

食べたミカンを
直接カウントする

間接法

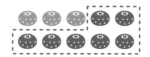

全てのミカンから残りのミカンを
引いて食べた数を求める

 間接法という意味はわかりました。

 では第一期と第二期の貸借対照表をつかって、第二期の営業
キャッシュフローを計算する方法を説明しよう。

 キャッシュフロー計算書は一定期間の現金収支ですよね。どうや
るのですか?

貸借対照表の左右の金額はいつもバランスしているね。例えば1年で現金が500万円増えたとしよう。これは現金以外の資産と負債と資本の増減額が500万円増えたことでもある。

 うぅ……。頭が混乱してきました。

 図で説明しよう。前期と当期の貸借対照表残高の差額を集計したのがBS3だ。さらに現金の増減以外をすべてBSの右側に移行する。これがBS4だ。

図9-03 二期の貸借対照表（単位：百万円）

前期	BS1
現金10	負債25
資産25	資本10
35	35

－

当期	BS2
現金15	負債20
資産30	資本25
45	45

➡

差額	BS3（BS2－BS1）
現金5	負債△5
資産5	資本 15
10	10

現金以外を右側に移す

	BS4
現金5	負債△5
	資本 15
	資産△5
5	5

 繰り返しになるが、BS3の左右の金額は天秤のようにバランスしている。そこで現金以外の資産だけが5増えたら現金はどうなるだろう。

負債と資本は変わらないから、現金が5減少すれば左右はバランスします。

そうだね。では負債が5減ったら、現金はどうなるだろう？

右側が5軽くなりますから、左側の現金を5減らせば左右の金額はバランスします。

資本が15増えたら？

現金が15増えることでバランスします。

正解だ。以上からわかることはこうだ。

> 1．現金以外の資産の減少は現金の増加をもたらす
> 2．負債、資本の増加は現金の増加をもたらす
> 3．1.2の逆は現金に対して逆に作用する

BS4は現金とそれ以外の資産、負債、資本の増減の関係を表したものだ。

これが、さっき先生がおっしゃった「現金が500万円増えたということは、現金以外の資産と負債と資本の増減額が500万円増えたことでもある」という意味なんですね。やっとわかりました。

ここまで理解できたところで、貸借対照表を組み替えてみよう。この図を見て欲しい。

図 9 - 04 貸借対照表を組み替えてみると…

キャッシュフロー計算書	水路の図	貸借対照表		水路の図	キャッシュフロー計算書
現金	お金のダム	現金	買掛金	ビジネスプロセス	営業CF
営業CF	ビジネスプロセス	売掛金	短期借入金	銀行借入	財務CF
		商品	長期借入金		
		資本金・資本剰余金		株主払込	
投資CF	現金製造機	固定資産	利益剰余金	利益メーター	営業CF

 流動資産と流動負債を現金と売掛金と商品と買掛金だけとしよう。現金を除いた運転資本は（商品＋売掛金－買掛金）だね。

 はい。

 流動負債の短期借入金は長期借入金と一緒にまとめて有利子負債とする。

 かなりシンプルになっていますね。

 利益剰余金は当期の税引き後当期純利益だったね。

現金の増減から間接法による キャッシュフロー計算書を作成する

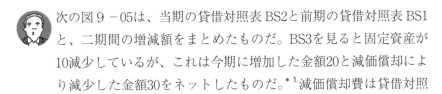 次の図 9 － 05は、当期の貸借対照表 BS2と前期の貸借対照表 BS1と、二期間の増減額をまとめたものだ。BS3を見ると固定資産が10減少しているが、これは今期に増加した金額20と減価償却により減少した金額30をネットしたものだ。[*1] 減価償却費は貸借対照

表からはわからないから損益計算書で調べる必要がある。それと、利益剰余金の増加10は今期の税引き後当期純利益だ[*2]。これはわかると思うけどね。

 はい。確認したいのですけど、いちばん右側の貸借対照表（BS3）って、当期末（BS2）の金額から前期末（BS1）の金額を差し引いた差額が載っているのですか？

 そうだね。これが間接法によるキャッシュフロー計算書の原型なんだ。

図9-05 二期間の貸借対照表とその増減額

BS1

現金	10	買掛金	60
売掛金	50	借入金	70
商品	30	資本金	30
固定資産	110	利益剰余金	40
計	200	計	200

BS2

現金	20	買掛金	50
売掛金	70	借入金	80
商品	20	資本金	30
固定資産	100	利益剰余金	50
計	210	計	210

BS3（BS2-BS1）

現金	10	買掛金	-10
売掛金	20	借入金	10
商品	-10	資本金	0
固定資産[*1]	-10	利益剰余金[*2]	10
計	10	計	10

BS4

現金	10	売掛金	-20	
		商品	10	営業CF
		買掛金	-10	
		利益剰余金	10	
		固定資産	10	投資CF
		有利子負債	10	財務CF
計	10		10	

* 1　固定資産の減少
　　　当期増加　　　20
　　　減価償却　　　-30
　　　利益剰余金の増加
* 2　税引き後当期純利益　10

 図9-03と同じ考えですね。

 当期の現金は前期と比べて10増加している。これは、この現金以外の増減と同額だ。わかるね（BS4）。

はい、さっき勉強しましたから。

 次に、この増減額を「ビジネスプロセス」と「現金製造機」と「財務」にグループ分けする。ここで役立つのが図9−04だ「ビジネスプロセス」で増減する現金が「営業キャッシュフロー（営業CF）」、「現金製造機」に関わる現金の増減が「投資キャッシュフロー（投資CF）」、そして銀行借入や増資などの財務に関わる現金の増減が「財務キャッシュフロー（財務CF）」だね。とりあえず貸借対照表の科目をこの3つに分類してみよう。

> （1）営業CF →利益剰余金の増減（税引き後当期純利益）と固定資産の減少（減価償却費）と運転資本（商品＋売掛金-買掛金）の増減
> （2）投資CF →固定資産の増減
> （3）財務CF →有利子負債（借入金）と資本金の増減

 最初の営業CFは1年間商売をした結果、増えた現金ですか？

 そうだ。直接法で計算する営業収入から営業支出を差し引いた額と一致する。

 なんだか不思議ですね。でも確かに現金は10増えてますね。

 食べたミカンを直接数えるか、残りのミカンから逆算するかの違いだよ。

 そうなんですね。

間接法の営業キャッシュフローはこうなる（図9-06）。

利益剰余金の増加は税引き後当期純利益ですね。それから運転資本は（商品減少10-売掛金増加20-買掛金減少10）で計算できる。あれ、減価償却費が税引き後当期純利益に足されていますけど？

図9-06 間接法による
営業キャッシュフロー

営業キャッシュフロー	
税引き後当期純利益	10
減価償却費	30
運転資本	-20
売掛金の増加	-20
商品の減少	10
買掛金の減少	-10
営業によるキャッシュフロー	20

税引き後当期純利益は売上高から費用を差し引いた差額だったね。この費用の中には減価償却のように過去に現金の支出が完了して、当期にはお金が出ていかないものが含まれている。この金額だけ現金収支差と税引き後当期純利益に差が生じている。そこで税引き後当期純利益に減価償却費を足すんだ。

ということは、他にも現金支出のない費用があればそれも足すのですか。

その通り。例えば固定資産売却損や有価証券評価損は減価償却費と同じで現金は出ていかない。

わかりました。

運転資本が増えると、現金はその金額分少なくなる

では、改めて営業CFを計算式に置き換えてみよう。間接法の式はこうだ。

> 営業キャッシュフロー（間接法）＝税引き後当期純利益＋減価償却費－運転資本の増加額

こんな簡単な式で計算できるんだ。でも、さっき運転資本が増加すると現金が減少するって教わりましたけど、正直言って腑に落ちません。

そうかね。運転資本は商品と売掛金から買掛金を引いた金額だね。このうち商品は現金が形を変えた仮の姿だ。前期末と比べて商品の金額が増えたということは、その金額に相当する現金が商品に形を変えて滞留していることを意味している。わかるね。

はい、大丈夫です。

売掛金はどうか。掛けで売るという意味は、会社が商品を引き渡すと同時に、顧客から売上代金を回収して、即座にその現金を顧客に貸し付けることであり、その貸付金が売掛金だ。つまり前期末と比べて売掛金が増えたという意味は、その増えた金額だけ現金が減少して、得意先への貸付金（売掛金）が増えたことと同じなんだ。

なるほど。そういうことですね。納得しました。買掛金は仕入先からの借入金でしたね。これが増えるということは……。

自前の運転資本を使わずに仕入業者からお金を借りていると考えればいい。他人のお金で商売しているようなものだ。

なるほどね。買掛金は多い方がいいってことですね。

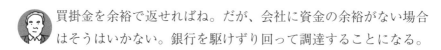 買掛金を余裕で返せればね。だが、会社に資金の余裕がない場合はそうはいかない。銀行を駆けずり回って調達することになる。

 そんなこと考えてもいなかった。うちの会社は大丈夫かしら。

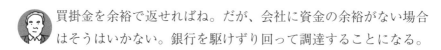 買掛金は会社の経営者がいつも気にかけるべき重要なポイントだよ。それはさておき、これで運転資本が少ないほどいいという意味がわかったね。

 つまり運転資本は（商品＋売掛金－買掛金）ですから、これが増えるという意味は、現金がその金額だけ減ってしまうということですね。

買掛金が増えると、なぜ運転資本は減るのか？

 完璧だ、と言いたいところだが、心配な点があってね。1つ確認させてくれないか。

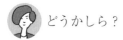 なんでしょうか。

 君の頭の中で、営業キャッシュフローの直接法と間接法が完全に一致しているか、という点だ。

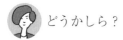 どうかしら？

 心配になってきた。では確認の質問をしよう。「ビジネスプロセス」では、1年間で何百回と商売が繰り返され、商品と売掛金が増えたり減ったりする。もしも、何らかの理由で商品や売掛金が「ビジネスプロセス」の中で滞ったとしたら、営業キャッシュフ

ローにどのような影響を与えるだろうか。

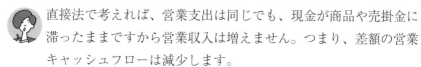
直接法で考えれば、営業支出は同じでも、現金が商品や売掛金に滞ったままですから営業収入は増えません。つまり、差額の営業キャッシュフローは減少します。

その通り。あえて品のない喩えを使えば「便秘」の状態だね。

その便秘の話、これで二度目ですね。覚えています。

では間接法を使って説明したらどうだろう。

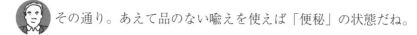
商品や売掛金が増えて運転資本が増加したら、その増えた金額だけ現金は減ってしまいます。

その通り。逆に買掛金が増えれば、その金額だけ運転資本が節約できるから会社の現金を使う必要がなくなる。

仕入先のお金を借用して商売に使っているようなものですね。

その通り。だから買掛金が多いことは会社の経営に有利に働く、と言いたいところだが、それには条件がある。利益が出ていること、そして売上代金が順調に回収されていることだ。この条件が揃えば、仕入先の資金（借入金）を使って運転資本を気にせずに商売ができる。会社にとってこんなうまい話はない。

赤字だったり、売上代金の回収が遅れる場合はどうなりますか。

赤字ということは会社の価値が減るということだ。赤字が続けば会社の体力は消耗する。それから売上代金の回収が遅れれば、買

掛金が払えなくなる。支払い期日までに払えないと、不渡り[13]が起きて銀行との取引ができなくなる。最悪の場合、会社は立ち行かなくなる。

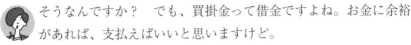 そうなんですか？　でも、買掛金って借金ですよね。お金に余裕があれば、支払えばいいと思いますけど。

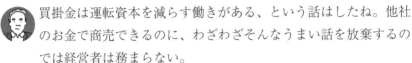 買掛金は運転資本を減らす働きがある、という話はしたね。他社のお金で商売できるのに、わざわざそんなうまい話を放棄するのでは経営者は務まらない。

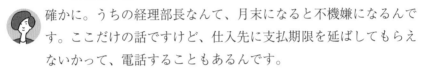 確かに。うちの経理部長なんて、月末になると不機嫌になるんです。ここだけの話ですけど、仕入先に支払期限を延ばしてもらえないかって、電話することもあるんです。

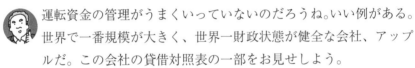 運転資金の管理がうまくいっていないのだろうね。いい例がある。世界で一番規模が大きく、世界一財政状態が健全な会社、アップルだ。この会社の貸借対照表の一部をお見せしよう。

図 9-07　アップルの流動資産（抜粋）

2018年度	単位：兆円
売掛金	49
商品在庫	4
買掛金	56

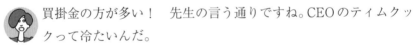 買掛金の方が多い！　先生の言う通りですね。CEOのティムクックって冷たいんだ。

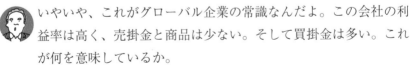 いやいや、これがグローバル企業の常識なんだよ。この会社の利益率は高く、売掛金と商品は少ない。そして買掛金は多い。これが何を意味しているか。

13　手形の満期日が到来し、所持人が小切手や手形代金の支払いを銀行に請求したにもかかわらず、支払いを拒絶された手形のこと。半年以内に二度不渡りを出すとその会社は銀行取引が停止し、事実上倒産となる。

もしかして、間接法のあの式（175ページ）ですか。

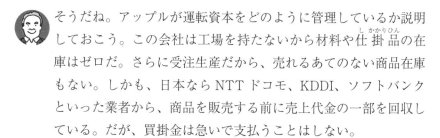 そうだね。アップルが運転資本をどのように管理しているか説明しておこう。この会社は工場を持たないから材料や仕 掛 品の在庫はゼロだ。さらに受注生産だから、売れるあてのない商品在庫もない。しかも、日本ならNTTドコモ、KDDI、ソフトバンクといった業者から、商品を販売する前に売上代金の一部を回収している。だが、買掛金は急いで支払うことはしない。

 だから運転資本がマイナス（4 + 49 − 56）になっているんだ。

商売が順調だから、買掛金が多くても余裕で返済できる。だがあえて返済を急がない。運転資本を減らすためだ。こうして他人のフンドシ、いや失礼、他社のお金で商売しているんだよ。

ということは、貸借対照表のレクチャーで勉強した流動比率は100％を以上でなければならないって、教わりましたけど。この比率は意味を持たないということですか。

そういうことだ。アップルのように資金繰りに全く問題のない会社には使えない。投資キャッシュフロー以降の説明は次回にしよう。よく復習しておきなさい。

期間利益重視の経営は正しいか？

　ドラッカーは期間利益を追うことの危険性を折に触れて警鐘を鳴らしてきました。その一部を紹介しましょう。そもそも期間利益そのものを鵜呑みにすることが危険だと言います。

「会計システムのどの部分が信用でき、どの部分が信用できないかは明らかである。われわれがとうてい歩くべきではない薄氷の上にいることは明らかである。（中略）　会計学の二年生でさえ損益計算書は化粧できるからである。（『ネクスト・ソサエティ』）」

　さらに期間利益を追い求める経営は拙劣だとも言っています。

「事業の目標として利益を強調することは、事業の存続を危うくするところまでマネジメントを誤らせる。今日の利益のために明日を犠牲にする。売りやすい製品に力を入れ、明日のための製品をないがしろにする。（中略）言い換えるならば、最も拙劣なマネジメントを行なうように仕向けられる（『現代の経営』）」

　利益が信じられないとしたら、何を信じればいいのでしょうか。それがキャッシュフローです。ドラッカーはこう言います。

「企業は、十分なキャッシューフローさえあれば利益が出なくとも、長いあいだ何とかやっていけるということは、古くからの知恵である。しかし逆は真ではない。（『未来企業』）」

　ポストコロナの時代に、売上高と利益ばかりに関心を持っているのでは、ビジネスパーソンは務まりません。

第 **10** 章

キャッシュフロー計算書（CF）を理解する③

投資を怠れば将来の儲けは
確実に減り、
競争から脱落する

なぜ、
投資が必要なのか？

将来、営業キャッシュフローを得るためには、適切な投資が必要です。
営業キャッシュフローから投資キャッシュフローを引いたものをフリー
キャッシュフロー（FCF）といいます。しっかり学びましょう。

投資キャッシュフローは
固定資産への資金運用と資金回収の差額

 次は投資キャッシュフロー
だ。これは「現金製造機」
である固定資産への資金の
運用と固定資産を処分する
ことによる資金の回収を表
している。

①現金製造機への資金運用（支
出）
②現金製造機からの資金回収（収
入）
③その差額

図10-01 投資キャッシュ
フローの雛形

投資活動によるキャッシュフロー
土地の購入（－）・売却（＋）額
有形固定資産の増加（－）・減少（＋）額
無形固定資産の増加（－）・減少（＋）額
投資有価証券の購入（－）・売却（＋）額
長期貸付金の貸付（－）・回収（＋）額
投資活動によるキャッシュフロー
フリーキャッシュフロー

 先生、会社にとって投資って本当に必要なんですか？

 おいおい、将来の経営者にしては不用意な発言だね。

やはり必要なんですね。父も投資を怠ったらすぐに競争相手に先を越されてしまうと言っています。でも借金して投資するんです。それが理解できなくて……。

君のお父さんが言うように、会社が存続し続けるためには投資が不可欠であることは確かだ。投資を怠れば儲けは確実に減り、競争から脱落する恐れがあるからね。

そういうものなのですね。

投資をする理由は将来の営業キャッシュフローのためなんだ。将来への種まきのようなものだ。

投資と言っても、いろいろあると思いますけど。

そうだね。頻繁に行われるのは今の事業を維持していくための事業投資だね。機械設備の入れ替えや拡張、コンピュータの更新などだ。

父は毎年機械を買っています。単に機械が好きだからと思っていました。

会社経営は趣味ではない。2つ目は、全く新しい事業や新商品開発といった新規事業開拓のための投資だ。これはリスクをともなうが、この投資を怠ると会社に飛躍は見込めない。

これには他の会社を買収するのも含まれますか？

もちろんだ。新規事業を一から始めるより、他社を買収したほうが事業が早く立ち上がるからね。

人材や時間を丸ごと買うのですね。

 そうだね。まさに時は金なりだ。それから3つ目は子会社に資金を貸したり、余ったお金を株式や国債購入などに投資する場合だ。

 これって消極的な気がしますけど。

 そう感じたかね。余った資金を、リスクをとって積極的な投資に回すか、安全資産でチマチマと小銭を稼ぐか。経営者の考え方で会社の方向性は決まってくる。

 投資って、経営者の性格が色濃く出るのですね。

 そうとも言える。

 イケイケの経営者なら借金してドンと投資するってことですか。父なんか、毎年機械を買う割には、投資金額はわずかです。

 いくら積極的な考えの経営者であっても、緻密な戦略がなければ投資はうまくはいかない。君のお父さんは堅実なんだよ。

 うーん、どうでしょうか？　でも、経営って頭を使う仕事なんですね。

 もちろん。常に将来のことを考えていなくては務まらない仕事だ。

 先生、質問ですけど。投資キャッシュフローはいつもマイナスですか。プラスの場合もあるのでしょうか？

 投資には現金の支出がつきものだから、ほとんどのケースはマイ

ナスだ。だがプラスになることもある。何らかの事情で固定資産を売却して現金に変えれば、投資キャッシュフローはプラスになる。

 それって、投資した株式を売った場合ですか？

 株式だけじゃない。特に注意すべきは固定資産を売却した時だ。固定資産は現金製造機だよね。使えない機械設備を売るのなら問題ない。だが、お金を生んでいる現金製造機を売ってしまうのは問題だ。

 そんな事ってあるのでしょうか。

 買掛金を決済できなくなった時、あるいは借入金を返せなくなった時、一番高く売れるのは、お金を生んでいる現金製造機だ。

 お腹がペコペコの人が、我慢できなくて金の卵を生むニワトリを食べてしまうようなものですね。

 いいたとえだね。その通りだよ。だから、投資キャッシュフローがプラスの場合、何を売ったかをよく調べる必要がある。

▌フリーキャッシュフロー（FCF）は自由に使えるお金

 よくわかりました。三番目が財務キャッシュフローですね。

 その前に、**フリーキャッシュフロー（FCF）**について説明しておこう。これは営業キャッシュフローから投資キャッシュフローを差し引いた差額のことだ。読んで字の如く「自由に使えるお金」という意味なんだ。

営業 CF（儲け）－投資 CF（現金製造機）＝ FCF（自由に使える
お金）

 FCF ってキャッシュフロー計算書に載っていますか？

載ってはいないが、経営のプロは必ずチェックする数字だ。そして、この FCF がプラスかマイナスかを確認する。プラスなら、ひとまず安心していい。

FCF が黒字の会社はまったく問題がないと考えていいのですか？

注意が必要だね。FCF が多ければ、借金を返済できるし配当も支払える。だが投資を止めても FCF は増える。そのお金を借金返済に回すためにね。このような会社は、将来の競争力を犠牲にしてまでも、借金返済をせざるを得ない状態と言っていい。

なぜ、会社は
自社株式を
取得するのか？

キャッシュフロー計算書の3つ目のグループが財務キャッシュフローです。資本金や借入などの資金の調達や返済などの財務活動に伴うキャッシュフローです。配当の支払いや自社株買いもこれに該当します。

▌財務キャッシュフローは
資金の調達や返済、自社株買いなどの活動

 3つ目のグループは財務キャッシュフローだ。

 財務キャッシュフローはどういう時に生じるのですか？

 会社が商売を始める時に株主は資金を振り込む。これが資本金・資本剰余金だ。それから商売が立ち上がって運転資金が足りない時に銀行から借金する。新規投資をする場合も多額の資金が必要だから、増資や銀行から長期で借入を起こす。

図 10 - 02 財務キャッシュ
フローの雛形

財務活動によるキャッシュフロー
短期借入金の増加（＋）・減少（－）額
長期借入金の増加（＋）・減少（－）額
社債の増加（＋）・返済（－）額
増資（＋）額
自己株式の取得（－）・処分（＋）額
配当の支払（－）額
財務活動によるキャッシュフロー

それから、借入金を返済する際に資金がなければ、新たに借金して返済にあてる。この他に、配当金を支払うことも、自社の株式を買うのも財務キャッシュフローに含まれる。

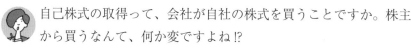 自己株式の取得って、会社が自社の株式を買うことですか。株主から買うなんて、何か変ですよね⁉

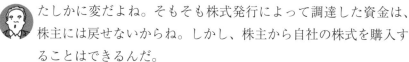 たしかに変だよね。そもそも株式発行によって調達した資金は、株主には戻せないからね。しかし、株主から自社の株式を購入することはできるんだ。

 なぜ、わざわざ自社の株式を買うのですか？

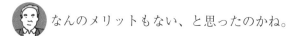 なんのメリットもない、と思ったのかね。

 そうです。自社のお金が出ていくだけですから。

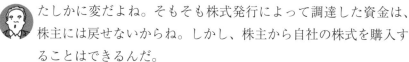 会社にとってはメリットがあるんだよ。

例えば、君のお父さんの会社の自己資本を1億円、当期利益を1000万円、発行している株式数を10万株としよう。ROEは10%だね。

 1000万円を自己資本の1億円で割る（1000万円÷1億円）のですね。

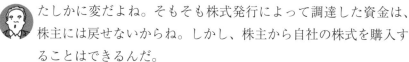 その通り。もしも、自社株式の半分を現金で買ったら自己資本は半分の5000万円になる（1億円−5000万円）。その結果、一株あたりの当期利益（EPS）は200円（1000万円÷5万株）と倍になり、ROEも20％に上昇（1000万円÷5000万円）する。一株あたりの利益とROEが上昇すれば株価は上昇する。

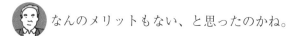 でも納得がいきません。だって、せっかく貯めた現金で自社株を購入するのですよね。当然、会社の財務に悪い影響がでます。こんなことをして株主のご機嫌をとるなんて。自社株を買う余裕があれば、従業員にボーナスで分けたらいいのに。

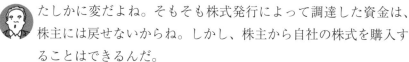 そうだね。経営者には株価が重要なんだ。だから、必要以上に株

主に気を使っているのが現状だね。いうまでもなく、大切なのは会社が将来にわたって成長し続けることだ。ボクも君と同じ考えだ。前のレクチャーでも指摘したことだが、株主を意識しすぎたROE重視の経営姿勢は問題だと思うね。

図 10-03　自社株買いでROEは上昇する

貸借対照表		単位：万円

資産	20,000	負債	10,000
		自己資本	10,000
計	20,000	計	20,000

当期利益	1000万円
発行株式数	10万株
ROE	1000万円÷1億円＝10％
一株あたり利益	1000万円÷10万株＝100円

貸借対照表		単位：万円

資産	15,000	負債	10,000
		自己資本	5,000
計	15,000	計	15,000

当期利益	1000万円
発行株式数	5万株
ROE	1000万円÷5000万円＝20％
一株あたり利益	1000万円÷5万株＝200円

> 自社株式の半分を購入した結果、
> 自己資本は半分になりROEは10％から20％に上昇した

余ったお金の使い方

 これまでの話を整理すると、商売で増やした現金は従来の事業や新規事業の投資に回す。これが投資キャッシュフローだ。そして残りで借金の返済、配当支払い、自己株を購入する。これが財務キャッシュフローだ。では、さらに余ったらどうするかね？

 会社の役員に特別ボーナスを出します。

 それから？

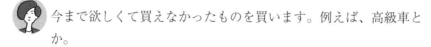 今まで欲しくて買えなかったものを買います。例えば、高級車とか。

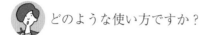 会社が長く存続し続けるには、もっと意味のある使い方があるはずだが。

どのような使い方ですか？

会社にとって一寸先は闇なんだ。いつトラブルに巻き込まれるかもしれない。考えてごらん。君の会社が突然取引先から訴えられて損害賠償義務が生じたとしたらどうなると思う？　あるいは、強力な競争相手が現れて、主力商品の売上高が激減したとしたら。コロナウイルスを思い出してごらん。会社はいつ何時危機に襲われるかもしれないんだ。そして、いつの間にか会社存続の危機に直面するかもしれない。いかなる危機に直面しても、耐えられるだけの蓄えが必要なのだ。つまり、預金だよ。預金は余剰ではなく、将来の支出の備えなんだ。

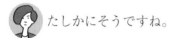 たしかにそうですね。

蓄える目的はいつ起こるかもしれない危機に備えるためだけではない。事業規模を拡大したり、あるいは新規の事業を始めるには巨額の資金が必要になる。将来の投資のためにも、お金は意識して貯蓄しなくてはならないのだよ。

先生がおっしゃりたいことがわかりました。ビジネスにおいて、お金が余るということはあり得ないということですね。余ったか

らといって使い切ってしまうなんて言語道断ですね。

実は、それがドラッカーのいう「利益は幻想」の本当の意味なんだ。ここでいう利益は「期間利益」ではなく営業キャッシュフローのことだと考えて欲しい。利益は、将来のリスクや特別な支出の備えであって、決して余剰ではない。つまり、利益は幻想に過ぎなく、現金が増えたからといって使い切ってはいけないということだ。高級車を買うなんて言語道断だね。

なんか、すごく納得しました。

減価償却は多いほどいいのか？

　減価償却費は多いほど営業キャッシュフローは増えます。このことから、減価償却費は多いほど経営にとって有利に働くと考えがちです。しかしながら、減価償却費が多すぎる会社は投資の問題を抱えていることが多いのです。例えば、投資が期待した利益をもたらさない場合、あるいは過剰に投資をした場合、減価償却費が必要以上に多くなって税引き後当期純利益を圧迫します。つまり減価償却費が多いことが、必ずしも経営にとって望ましいとは言えないのです。

赤字でも減価償却すべきか？

　赤字の場合は自己金融機能が働くか、考えてみましょう。売上高は600ですから、回収できたのは当期の支出を伴う費用（600）だけです。減価償却費相当分は1円も回収できず、その金額だけ赤字となっています。

	損益計算書
売上高	600
支出を伴う費用	600
支出を伴わない費用（減価償却費）	200
利益	-200

つまり、自己金融機能は働いていないということです。

　税法では減価償却は任意ですから、中小企業では、赤字の幅を少なくするため減価償却をしない会社は少なくありません。しかし固定資産の価値は、それを使用することで確実に減少しますから、減価償却する必要があります。

キャッシュフロー計算書(CF)を理解する④

利益には質がある

質の高い利益＝アクルーアル（会計発生高）とは？

利益には質の良し悪しがあります。お金の裏付けのある利益が「質の高い利益」です。利益の質を見極める決め手、アクルーアル（会計発生高）について学びましょう。

損益計算書は本当に信じられないか？

以前、ボクは損益計算書の当期純利益を鵜呑みにしてはいけない、と説明した。その理由は何だったかな。

当期利益は会計期間で新たに生成された価値であって、お金ではないからです。

もしも税引き後当期純利益にお金の裏付けがあることがわかればどうだろう。

信じてもいいことになりますね。

そうだね。問題は「利益の質」なんだ。つまりお金の裏付けがあれば利益の質が高く、お金の裏付けがわずかであれば利益の質が低いということだね。

よくわかります。でも、損益計算書からでは利益の質はわかりませんね。どうやって見極めるのでしょうか。

アクルーアルを計算すれば簡単にわかる。

質の高い利益とは、現金の裏付けがある利益

 このアクルーアルが利益の質を判断するのに役に立つのですか。

 その通り。**質の高い利益とは、現金の裏付けがある利益**という意味だからね。アクルーアルを計算すれば、損益計算書の利益が現金の裏付けがあるものかどうかがわかる。

 先生からは「利益は鵜呑みにしてはいけない」って教えられましたから、損益計算書は重要ではないと思っていました。

 ところが、アクルーアルによって、損益計算書の信頼度が大きく変わるんだ。

 そうなんですか。アクルーアルってどういう意味でしょうか？

 日本語では会計発生高と訳されている。具体的には損益計算書の特別損益を除いた税引き後当期純利益から営業キャッシュフローを引いて計算する。
アクルーアルがマイナスとなる企業は、現金の裏付けのある質の高い利益を生成していると考えることができる。

アクルーアル（会計発生高）＝特別損益を除いた税引き後当期純利益－営業CF

 なぜ、特別損益を除くのでしょうか。

 経常利益が大赤字の会社が土地を売って黒字になったとしても、その利益は一時的にすぎないからね。異常な損益は省いて計算す

るんだ。

 なるほどね。

 では、次の式を見てごらん。

 あれっ、これってどこかで見たことがある……。

 間接法によるキャッシュフロー計算書だね。つまり、アクルーアルの中身は減価償却費と運転資本増価額なのだ。

税引き後当期純利益＋減価償却費－運転資本の増加額
＝営業キャッシュフロー

アクルーアル＝税引き後当期純利益－営業キャッシュフロー
＝運転資本の増加額－減価額償却費

 そうですよね。

 A、B２社のキャッシュフロー計算書を使ってアクルーアルの意味を説明しよう。

図11-01 アクルーアルを見れば利益で騙されることはない

単位:万円

キャッシュフロー計算書		
	A社	B社
税引き後当期純利益①	1,000	1,000
減価償却費	1,500	1,000
運転資本の増加	-3,000	500
営業キャッシュフロー②	-500	2,500
アクルーアル(①-②)	1,500	-1,500

 アクルーアルはA社プラス1500、B社マイナス1500だ。この段階でA社の利益の質に問題があることがわかる。つまり、A社の利益の質は悪いということだ。

 利益の質を機械的に判定するのですか?

 そういうことだ。次に、それぞれの内容を見ていこう。
どちらの税引き後当期純利益も1000だ。一方営業キャッシュフローはA社がマイナス500に対して、B社はプラス2500となっている。つまり、A社の利益にはお金の裏付けが全くないのに対して、B社の利益は100%お金に裏付けられている。これが利益の質の意味だ。

 間接法によるキャッシュフロー計算書を見れば、利益の質がわかるんだ。すごい!

 B社は税引き後当期純利益が1000万円でも営業CFは2500万円だから、余裕でボーナスも払えるし税金も納められる。だがA社は利益が出ていても営業キャッシュフローがマイナス500万円だからお金がない。ボーナスは支払えないし、税金を支払うのに銀行

から借金しなくてはならない。

　その利益って「まぼろし」ですね。

　いいことを言うね。ドラッカーのいう「利益は幻想」とは意味が違うが、確かにこの場合の利益は「まぼろし」だね。

　ありがとうございます。

　実際、A社のようなアクルーアルがプラスの中小企業は珍しくはないんだよ。利益が出たと喜んでも、それは現金の裏付けのない**「質の低い利益」**だから税金もボーナスも支払えない。

　私、利益に対する考えがガラリと変わりました。

営業キャッシュフロー を解読できる スキルを身につける

営業キャッシュフローは、最低限以下の4パターンがあります。これを しっかりと頭に入れれば、大方のキャッシュフロー計算書は読み解ける ようになります。

営業キャッシュフローの典型的なパターンを覚えよう

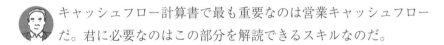
キャッシュフロー計算書で最も重要なのは営業キャッシュフロー だ。君に必要なのはこの部分を解読できるスキルなのだ。

でも、経験を積まないと解読はむずかしいのではありませんか？

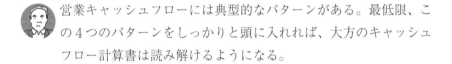
営業キャッシュフローには典型的なパターンがある。最低限、こ の4つのパターンをしっかりと頭に入れれば、大方のキャッシュ フロー計算書は読み解けるようになる。

営業キャッシュフローの典型的なパターン

	A社	B社	C社	D社
税引き後当期純利益①	-100	-100	100	100
減価償却費	150	50	50	0
（－）　売掛金の増加		200	-200	100
（－）　在庫の増加	100	100	-100	200
（＋）　買掛金の増加	0	100		
運転資本の増加	100	200	-300	300
営業キャッシュフロー②	-50	-250	450	-200
アクルーアル①－②	-50	150	-350	300

アクルーアルはマイナスか。プラスは要注意。

A社　赤字、減価償却費が多い。在庫は増えている。キャッシュフローは厳しい。

B社　赤字、運転資本が増えキャッシュフローは最悪。

C社　黒字、売掛金を回収し、在庫管理を徹底。

D社　減価償却をせず利益を捻出、売掛金と在庫が多く、決算操作の可能性がある。

アクルーアルがプラスかマイナスかに注目

最初の手がかりとして、**アクルーアルがプラスかマイナスかを見極める**ことだ。ここでプラスの会社に狙いを定める。

マイナスの会社は検討する必要はないのでしょうか？

マイナスの場合でも、キャッシュフローに問題を抱えている会社はある。A社のようにね。だが、このような会社の割合は少ないと考えていい。だから、第一段階として、アクルーアルがプラスかマイナスに注目するのだ。

わかりました。そうすると、注意すべきはB社とD社ですね。

 そうだね。どちらも営業キャッシュフローはマイナスだ。特にB社は当期純損失（－100）となっている。ひどい状態だ。

 どちらも運転資本が増えてます。

 B社は売掛金の増加が目立つね。しかも赤字だ。

 売上代金の回収が滞っているのでしょうね。

 赤字であることを考えれば、そんな生やさしい事態ではないだろう。頑張って商売してもお金が増えないんだよ。おそらく、社長は商売そっちのけでお金の工面をしているだろう。経営者がお金を追いかけ始めたら危険信号と考えていい。

 そうなんですね！　うちの会社、大丈夫かな……。

 次にD社を見てみよう。この会社が他社と異なる点は、減価償却費を計上していないことだ。減価償却を計上しなければ、その分費用は少なくなり、税引き後当期純利益は多くなる。だが固定資産を使用すればその価値は減るから赤字でも減価償却費を計上しなくてはならない。しかし、D社は計上していない。経営者はなんとか利益を出そうと思っているからだろう。それと、商品在庫が増えているね。売上が低調で、売れ残りの商品が増えたのだろう。それにもかかわらず売掛金が増えている点も気になるところだ。よってD社の利益の質は悪いと思わなくてはならない。

営業キャッシュフローは嘘をつかない

 何が気になるのでしょうか？

 得意先が代金を支払えないのかもしれない。最悪の事態として、架空の売上を計上しているかもしれない。

 架空売上ってなんですか？

 学校の成績が40点なのに、親に嘘をついて80点だと伝えるようなものだ。

 そんな嘘なんか、すぐにバレると思いますけど。

 利益を誤魔化しても営業キャッシュフローは増やせない。誤魔化せないんだよ。なぜなら、キャッシュフローは嘘をつかないからね。

 先生、アクルーアルがマイナスのA社やC社についても説明していただけないでしょうか。なかでもA社が気になります。

 なるほど、君は、アクルーアルを機械的に適用することの危険性に気づいたようだね。税引き後当期純利益はマイナス100で営業キャッシュフローもマイナス50だ。この数字から会社は火の車であることはわかる。だがアクルーアルはマイナス50だ。

 当期純損失ですし、営業キャッシュフローは赤字ですから。会社の状態は悪いと思います。

 そうだね。問題を抱えている会社だ。だがアクルーアルの判定には引っかからなかった。

見落としですね。

 というか、そもそも営業キャッシュフローがマイナスということ自体が問題なんだ。

 商売をすればするほど現金が減っていくわけですからね。そんなことを続けていたら、破綻しちゃいます。

 ところで、君はA社の営業キャッシュフローがマイナスになった最大の要因はなんだと思うかね？

 当期純損失だからと思います。それから商品も増えていますし。

当期純損失になった理由

 では、なぜ当期純損失となったのだろう。このキャッシュフロー計算書からどのようなことが読み取れるだろうね？

 減価償却費が多いからです。

 なぜ、減価償却費が多くなったんだね。

 設備投資が多すぎたのでは？

 そうだね。投資が増えれば減価償却費も増える。

 投資のしすぎって、経営者の判断ミスですか？

 難しい質問だね。投資のミスかもしれないし、まだその効果が現れていないのかもしれない。

その辺りは、想像するしかない。

 今はね。だが時間が経てば、それが成功か失敗かは損益計算書に表れてくる。

 もう1ついいですか。A社は商品在庫が増えてますけど。

 商品を買いすぎたのだろうね。もしも、商品在庫が増えなければ営業キャッシュフローはプラス50だ。

 在庫管理って大切なのですね。

 A社の会社の経営者は業績を回復させようと必死だと思うね。この数字によく表れている。

 どこに、ですか？

 もう見てきたではないか。新商品のために設備投資をしたのだろう。だが期待したほど売れずに在庫を抱えてしまった。

 先生って小説家みたいですね。ストーリーを作っちゃうんですもの。

 会計の専門家には想像力も大切なんだ。

 そんな気がしてきました。

 A社はこれくらいにして、次のC社はどうだろう。

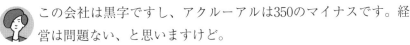 この会社は黒字ですし、アクルーアルは350のマイナスです。経営は問題ない、と思いますけど。

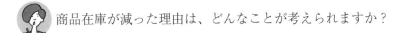 売掛金も在庫も減少している。売掛金の残高が減少したのは、滞留していた売掛金を回収できたのか、あるいは売掛金の回収条件を見直したのだろう。前期末が日曜日でたまたま売掛金が溜まっていたことも考えられる。

 商品在庫が減った理由は、どんなことが考えられますか？

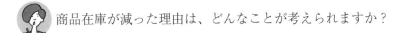 売上が順調だったとか、在庫管理を強化したとかだね。あるいは、前期末に多めに仕入れた在庫が売れたとか、前期末の不良在庫を処分したのかもしれない。いずれにせよ、商品在庫は現金の仮の姿だから、それが現金に換わることは経営にとって望ましいことだ。

 たしかにC社はA、B社と全然違いますね。

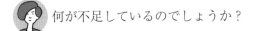 そこに気がつけば君はもう一人前だ、と言いたいところだが……。

 何が不足しているのでしょうか？

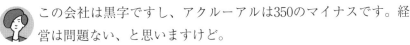 自分の頭で考える経験だよ。そこで、提案だけどね。一度お父さんにこのレクチャーに参加してもらおうと考えているんだ。

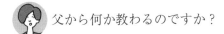 父から何か教わるのですか？

そうではない。君とお父さんとで会計の議論をしてもらいたいのだよ。

ディスカッションでしょうか？

そうだ、議論だ。思いっきりお互いの考えをぶつけ合ってもらう。

先生がそんなことを考えていたなんて青天の霹靂です。

実はね。レクチャーの中で、君がお父さんや会社のことを度々口にしたので気になっていたんだ。もしかして、君の代まで持たないかもしれないってね。

ドキッ。先生、冗談がキツすぎます。

ボクは真剣にそう思っている。だから君だけでなく、君のお父さんにも会計の重要性をわかってもらいたいのだよ。

そういうお考えなのですね。

おそらく君のお父さんは、君が考えている以上に手強いと思うね。

手強いって、先生は父をレクチャーに誘ったのですか？

昨日のワイン会でね。お嬢さんと経営と会計のお話をしましょうと誘ったんだ。

父は何て言っていました？

 次期社長としての心得を教えるいい機会ですな、と感謝されたよ。

 そうですか。父は私と会計を議論するなんて、これっぽちも思っていないでしょうね。

 会計についても自信がある、と言ってた。それからね、「オヤジの凄さを教えてやる」とかなり気合が入っていた。

 そうですか。望むところです。

 そうこなくては。これで決まりだ。面白くなってきた。では明日3時にボクの事務所に集まってくれたまえ。議論の後は、君のお父さんにもらったロマネコンティを空けようじゃないか。

COLUMN 11

複式簿記は日本でも
発明されていた？

　1873年に福沢諭吉により西洋式簿記書を訳した『帳合の書』が出版されたことにより、複式簿記が広まったとされています。

　ところが、日本式複式簿記が江戸時代に商人によって発明されていた、とする説があります。当時の日本は世界的に見て有数の経済大国でした。歴史学者の磯田道史氏によると、江戸時代後期（1820年）のGDPは当時のアメリカを1とすると、日本は1.75倍だったそうです。

　この経済を支えたのが「複式簿記」でした。当時の帳簿は「多帳簿制簿記」と呼ばれるもので、大福帳・買帳・売帳・金銀出納帳・判取帳・注文帳・荷物渡帳などから成り立っていました。ここでは現金収支だけでなく、商品が売られると売帳と、同時に大福張に売掛金が記入され、代金が回収されると金銀出納帳に記入するとともに、大福帳の売掛金を消しこみました。つまり、別々の帳簿を使った複式簿記が行われていたのです。

　だからといってイタリア式複式簿記と同じと考えるのは早計です。なぜなら、複式簿記の特長は貸借の金額が自動的にバランスする自検機能（つまり天秤）にあるのですが、日本式複式簿記はこの機能が備わっていないからです。とはいえ、日本式複式簿記が、当時の巨大な経済を支えていたのは事実です。

これがわかれば
会計のプロだ！

カノン、
社長の父と対決する

A社とB社では、どちらが儲かっているか？

カノンは父親と会計の議論を戦わせます。カノンにとっては卒業試験代わりのテストです。果たして、カノンは無事に林教授から合格をもらうことができるのでしょうか？

❚ カノンは父親に勝てるのか？

　約束の時刻。カノンと父、川村涼之助は私の事務所のドアをノックした。娘との対決だというのに、涼之助はワイン会と同様、なんの気負いも感じられなかった。一方、カノンは私の前では威勢のいいことを言っていたものの、この日は見るからに不安げだった。

 先生には娘を丁寧に教育していただきました。まずはお礼申しあげます。

 私もいろいろと勉強になりました。それにしても、優秀なお嬢さんで鼻が高いでしょう。

 とんでもない。出来が悪くて。とはいえ、私の会社を継いでもらわなければなりませんからね。それで、先生に超特急で会計を教えていただきました。それで、今日は私から娘への経営指導でしたね。

 今日はお父さんと会計を議論するのですよ。

 何？　そんなことは聞いていないぞ。

 あれ、一昨日のワイン会でおっしゃったはずですよ。「オレは会

計には自信がある。娘の前ではわからないフリをしているだけだ」
と。それから「あいつはまだまだ若い。オレの跡を継ぐには50年
はかかる」とも。

そんなこと言いましたっけ？　いや、飲みすぎたかなぁ。

私が「なら、お嬢さんと対決してみたら」と水を向けた時、「面
白い、コテンパンにしてやる」と豪語していましたよ。それで、
今日、お越しいただいたんです。

やはりそうだったんだ。父が、私と議論するなんてあり得ません
もの。

ちょっと待った。オレは年商100億円の経営者だぞ。会計だって、
わからないワケではない。お前の前で素人を装っていただけだ。
先生、娘をコテンパンにしてやりますよ。なんなりと、問題を出
してください。

私は、雑用係は卒業しました。受けて立ちます。

面白くなってきた。では、始めるとしよう。

▎売上高と営業利益を比べてみると……

　テーブルに貸借対照表、損益計算書、キャッシュフロー計算書ともう
一枚Ａ４の紙を配った。私は２人の顔を見てこう言った。

最初にＡ4の用紙に書かれたＡ社とＢ社について、どちらの会社
が優れているか、ご意見を聞かせてくれませんか。

図 12 - 01 A社とB社では、どちらが優れているか？

（単位：億円）

売上高	A社	B社
	100	50

 A社の売上高規模はB社の2倍ですから、素人はA社と答えるでしょうね。

 つまり、あなたの答えはB社ってことですか。

 いいえ違いますよ。私は素人ではありません。言いたいのは、この資料だけでは何とも言えないということです。なぜなら、売上高が大きいA社が赤字で、B社が黒字ということもありますし。

 なるほど。ではカノンさんの考えはどうかな？

 私も父と同じ考えです。

 そうですか。では次の質問をしましょう。

図 12 - 02 営業利益はA社がB社の2.5倍あるが……

（単位：億円）

営業利益	A社	B社
	20	8

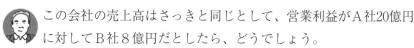この会社の売上高はさっきと同じとして、営業利益がA社20億円に対してB社8億円だとしたら、どうでしょう。

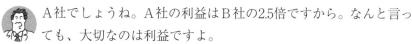A社でしょうね。A社の利益はB社の2.5倍ですから。なんと言っても、大切なのは利益ですよ。

じゃあカノンさんはどうかな。

私もA社だと思います。

おいおい。またオレと同じ答えじゃないか。それって、ちょっとずるいんじゃないの。

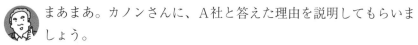まあまあ。カノンさんに、A社と答えた理由を説明してもらいましょう。

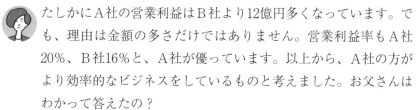たしかにA社の営業利益はB社より12億円多くなっています。でも、理由は金額の多さだけではありません。営業利益率もA社20％、B社16％と、A社が優っています。以上から、A社の方がより効率的なビジネスをしているものと考えました。お父さんはわかって答えたの？

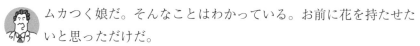ムカつく娘だ。そんなことはわかっている。お前に花を持たせたいと思っただけだ。

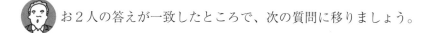お2人の答えが一致したところで、次の質問に移りましょう。

税引き前当期純利益、総資産、自己資本を比べてみると……

図 12 - 03 税引き前当期純利益はB社がA社の倍

（単位：億円）

税引き前当期純利益	A社	B社
	1	2

税引き前当期純利益を見ると、A社が1億円に対してB社は2億円でした。なぜ、こんな結果になったんでしょうね？

ここには載っていませんが、損益計算書を見れば簡単にわかることです。営業利益とやらの後に、いろんな数字が並んでいますでしょ。それを足したり引いたりした結果がこうなったってわけですよ。

では、カノンさんはどう思うかね。

そうですね。大胆な仮説ですが、A社は借金が多いのではないでしょうか。借金が多いから支払利息も多くなり、当期純利益も売上高当期純利益率も悪くなってしまった、と思います。

なるほど、たしかに売上高税引き前当期純利益率はA社1％に対して、B社4％となっているね。

借入金が多いというのは、あくまでも私の想像ですけど。

勝手な想像だろ。

いいえ勝手ではありません。十分あり得ることです。

では、次の質問です。以上の他に総資産はA社200億円、B社は60億円だった。ではどちらの会社が利益を生み出す力、つまり収益力が優れていると思いますか。

図12－04 総資産はA社がB社の3.3倍以上

（単位：億円）

総資産	A社	B社
	200	60

ちょっと待っていただけますか。利益を生み出す力とか収益力って、なんのことですか。そもそも、なぜここに総資産がでてくるんですか。

お父さんの疑問について、カノンさんはどう思うかね。

わたしは総資産を考えなくては本当の収益力は分からないからと思います。

おいおい。利益は利益だ。総資産とは関係がない。そんなことすらわかっていないのだから。

川村さん。あなたの考えはあとでじっくり聞かせてもらいます。今はカノンさんの考えを聞きましょう。

資産は会社が調達したお金をどのように運用したかを表したものです。もちろん、決算日のスナップショットですけど。

スナップショットね。それで収益力を見るために、なぜ総資産が

必要なのかね。

大切なのは、資産に運用したお金が、いかに効率的に利益を生み出したかという点です。

つまり？

総資産利益率（ROA）です。これまでの情報から、A社のROAは0.5％に対してB社は3.3％（2÷60）と計算できますから、収益力はB社が圧倒的に優っています。

カノン、なぜ資産が重要なんだ。オレにはわからんよ。

それは、資産がなければ利益は生まれないからです。資産が利益を作っているのです。

そういう見方もあるんだ。

では、最後の質問です。これは、パズルの最後のピースといっていいかもしれません。自己資本はA社20億円、B社は30億円とします。この条件から、それぞれの会社がどのような経営を行なっていると想像しますか。川村さん、どうですか？

図12-05　自己資本はB社がA社の1.5倍

（単位：億円）

	A社	B社
自己資本	20	30

先生、この自己資本とやらは、貸借対照表の右下の純資産ですか。

よくご存じで。

私だってそのくらい知ってますよ。A社は純資産が少ないんでしょ。つまり、借金で会社を回しているのじゃありませんか。

総資産はA社が200億でB社が60億ですから、計算すると外部から調達した資金はA社180億、B社は30億ですね。おっしゃる通りA社は借金で大きな商売をしていることになりますね。

なんだかわからないけど、そういうことだね。

川村さん、さっきの質問で、A社は営業利益が多いのに税引き前当期純利益が少なくなった理由は、借金が多いために支払利息が影響していたんです。つまり、カノンさんの想像が当たっていたことになります。

こう言ってはなんですが、娘が深く考えた結果だとは思えませんね。まぐれですよ。

たしかに。カノンさんは社長見習いで会計の素人でした。しかし、今は、あなたの知っているカノンさんではないんです。成長したんですよ。

そうは言っても、会計だけでは経営はできませんよ。しかも泥縄式の勉強には限界がある。先生、そう思いませんか。

泥縄式かどうかは、ここに用意した問題を解けばすぐにわかることです。私はお2人の答えを楽しみにしています。時間は1時間。では始めてください。

常識を超えた決算書は、どこが非常識なのか？

林教授から2人に提示されたのは、あり得ない非常識な内容の決算書でした。少し長くなりますが、これまでの復習を兼ねてこの決算書のポイントを解説します。

常識を超えた決算書とは？

図 12 - 06 ありえない決算書の中身

貸借対照表
2018年3月31日 現在
（単位：百万円）

科目	金額	科目	金額
現金	66,301	買掛金	55,888
売掛金	48,995	未払費用	0
商品在庫	3,956	短期借入金	11,964
その他の流動資産	12,087	一年以内返済長期借入金	8,784
流動資産合計	131,339	その他の流動負債	39,293
有形固定資産	41,304	流動負債合計	115,929
長期投資	193,082	固定負債（長期借入金他）	142,649
固定資産合計	234,386	総負債	258,578
		資本金・資本剰余金	40,201
		利益剰余金	66,946
		自己資本合計	107,147
総資産	365,725	負債および株主資本合計	365,725

損益計算書
2017年4月1日至2018年3月31日
（単位：百万円）

科目	金額
売上高	265,595
売上原価	163,756
売上総利益	101,839
販売費及び一般管理費	16,705
研究開発費	14,236
営業利益	70,898
受取利息	2,005
税引前当期純利益	72,903
法人税繰り入れ額	13,372
税引後当期純利益	59,531

キャッシュフロー計算書
2017年4月1日至2018年3月31日
（単位：百万円）

科目	金額
税引き後当期純利益	59,531
減価償却費	10,903
繰延税	-32,590
現金支出の伴わない費用	4,896
運転資本の変動	34,694
営業CF	77,434
設備投資	-13,313
その他の投資CF項目	29,379
投資CF	16,066
貸付金	-2,527
配当金支払合計	-13,712
自社株式購入	-71,637
財務CF	-87,876
現金の純増減額	5,624

参考
ソニー　　　　　　　2018年3月
売上高営業利益率　　8.60%
ROA　　　　　　　2.67%
ROE　　　　　　　17.96%
財務レバレッジ　　[　　　　]

アクルーアル　－17,903百万円

貸借対照表をチェックしよう

財務三表で最も重要な決算書が貸借対照表です。図12-07の「水路の図」は、2018年度の貸借対照表（図12-06）を置き換えたものです。貸借対照表の左下に書かれたROAなどの経営指標は、この会社と同業のソニーの数値です。復習ですので、財務レバレッジをブランクにしておきました。推定してみてください。

図 12-07 水路の図に置き換えてみると……

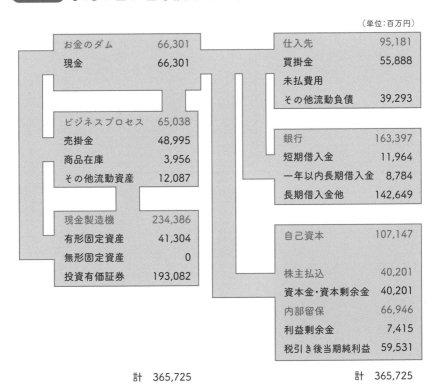

（単位：百万円）

お金のダム	66,301
現金	66,301

ビジネスプロセス	65,038
売掛金	48,995
商品在庫	3,956
その他流動資産	12,087

現金製造機	234,386
有形固定資産	41,304
無形固定資産	0
投資有価証券	193,082

仕入先	95,181
買掛金	55,888
未払費用	
その他流動負債	39,293

銀行	163,397
短期借入金	11,964
一年以内長期借入金	8,784
長期借入金他	142,649

自己資本	107,147
株主払込	40,201
資本金・資本剰余金	40,201
内部留保	66,946
利益剰余金	7,415
税引き後当期純利益	59,531

計　365,725　　　　　　　　　　　　計　365,725

■ソニーの決算書と比較してみよう

　最初に ROE、ROA を比較しますと、この会社（X社）はソニーを上回っています。ROE は ROA に財務レバレッジをかけた値ですから、ソニーの財務レバレッジは6.7倍（18÷2.7）と計算できます。これからわかることは、この会社はソニーよりも少ない借金（財務レバレッジ3.4）で軽々と ROE を高めていることがわかります。

図12-08 X社の貸借対照表の要約版とソニーとの比較

お金の運用

お金のダム	663
ビジネスプロセス	650
現金製造機	2,344
計	3,657

お金の調達

（単位：億円）

ビジネスプロセス（買掛金）	952
銀行借入	1,634
株主払込	402
内部留保（利益剰余金）	669
計	3,657

2,705
*

	X社	ソニー	
ROE	55.6%	18.0%	
ROA	16.3%	2.7%	
財務レバレッジ	3.4	?	
売上高営業利益率	26.7%	8.6%	

うち税引き後当期純利益
595

　しかも、売上高営業利益率はソニーの３倍強の26.7％ですから、売上規模が小さいとはいえ、この会社の業績はソニーを圧倒していると断言していいでしょう。もしかして、架空の会社ではないか、と思ったかもしれませんね。でも安心してください。これは実在の会社です。

■キャッシュフロー

　次に資金の流れを見ていきましょう。「銀行借入」と、「株主」から調達した「株主払込」と「内部留保」の合計2705億円は、「現金製造機」（2344億円）で運用されています。それから、「仕入先」から調達した資金（952億円）は「ビジネスプロセス」で運用している資金（650億円）の大半を占めていることが見てとれます。つまり買掛金で調達した資金で商売をしている、ということです。ここは重要なチェックポイントです。

■利益と利益剰余金が同じ額なのは、なぜ？

　さらに、普段の決算書では見慣れない点に気づきませんか（図12-07）。それは、自己資本のうち「内部留保（利益剰余金）」の割合が大きく、そのほとんどが税引き後当期純利益という点です。

　これは毎期の税引き後当期純利益が凄まじく大きいだけでなく、過去の利益のほとんどを使い切っていることを意味しています。

　仮に利益剰余金を使わずにいたら、利益剰余金は途方もなく大きく膨らんでいるはずです。では、どのようにして利益を生成しているのか。この会社のアクルーアル（税引後当期純利益595－営業キャッシュフロー774）はマイナス179億円ですから利益の質は申し分ありません。つまり税引き後当期純利益は全額営業キャッシュフローと考えて構わないということです。ところで、商売に使われた現金は「ビジネスプロセス」と「お金のダム」の間をぐるぐると回転しながら増えるのでしたね。この回転速度が速いほど、そして商品の粗利益率が高いほど現金を稼ぎ出す力は強いと言えます。つまり、この会社は高い利益率の商品を持ち、とてつもなくスピーディーに循環しながら営業キャッシュフローを増やしているのです。

■現金を稼いでいるのに、なぜ借金が多い？

　それと、もう1つ見逃してはならない点があります。こんなに現金を

稼いでいるのに借入金がすごく多いことです。わざわざ利息を払って借入れするまでもないのに、と思うでしょうね。では、この会社はなぜ無借金経営を目指さないのでしょうか。ここも重要です。

■ 運転資金のほとんどは他人からの借金

　現金の運用についても不思議な箇所があります。まずは「ビジネスプロセス」です（図12-08）。

　ここで運用されている資金650億円に対して、仕入先から調達した資金（買掛金・未払費用等）は952億円と302億円も多くなっています。つまり「ビジネスプロセス」で運用される資金は、すべて仕入先からの借入金（買掛金）で賄われているのです。これは先ほど指摘した点ですが、この状態は何を意味しているのでしょうか。

■ 有形固定資産や無形固定資産への投資が少ない

　そして、2つ目は「現金製造機」への投資の少なさも目立ちます。有形固定資産は比較的少額（413億円）で、その大半は投資有価証券（1930億円）つまり他社への投資です（図12-07）。なぜ、他社への投資と比べて有形固定資産や無形固定資産への投資が少ないのでしょうか。

■ それにもかかわらず利益率が高い

　3つ目は有形固定資産や無形固定資産が少ないのに、どうやって多額の利益を稼ぎ出しているのでしょうか。考えてみてください。

　おそらく「見えない現金製造機」が貢献しているのでしょうね。

┃ 損益計算書をチェックしよう

　損益計算書についても特徴的な箇所がいくつかありますね。わかりやすくするために、収益と費用の金額を図12-09のように面積に置き換え

てみました。

図12-09 損益計算書を面積で表してみると……

（単位：億円）

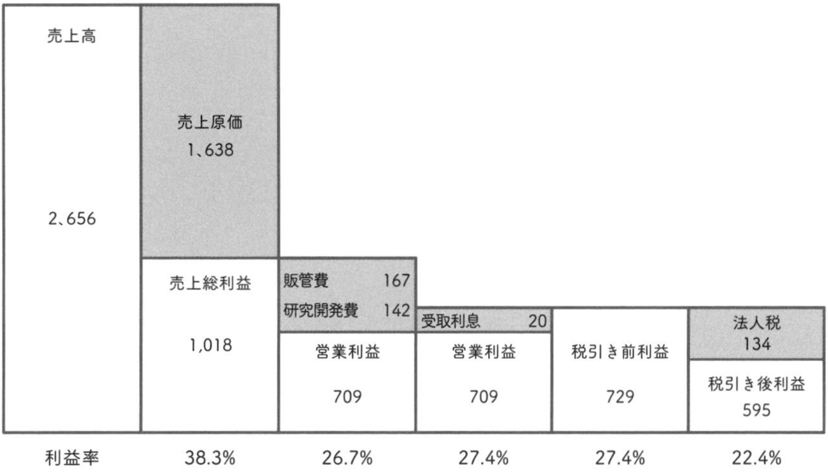

圧倒的に高い各種利益率

■営業利益率が半端なく高い

　私のレクチャーでは、一般に、売上総利益率の高い会社は、販売費および一般管理費を多く使うため、そのまま営業利益率も高くなるわけではないと説明しました。ところが、この会社が販売費および一般管理費（販管費）に使った費用は、売上高の26.7％程度に過ぎません。しかも、見慣れない「研究開発費」が142億円も含まれています。これはどう解釈すべきなのでしょうか。

■借金しているのに支払利息が見当たらない

　そして営業外費用ですが、1,630億円もの借入金があるというのに、この損益計算書には受取利息は20億円しか計上されていません。なぜで

しょうか？

キャッシュフロー計算書をチェックしよう

キャッシュフロー計算書も図解してみました。次の資料をよくみてください。最初に留意すべきポイントは、営業キャッシュフローが赤字ではないこと、そして、アクルーアルがマイナスであることでしたね。

図 12-10 キャッシュフローを面積で表す

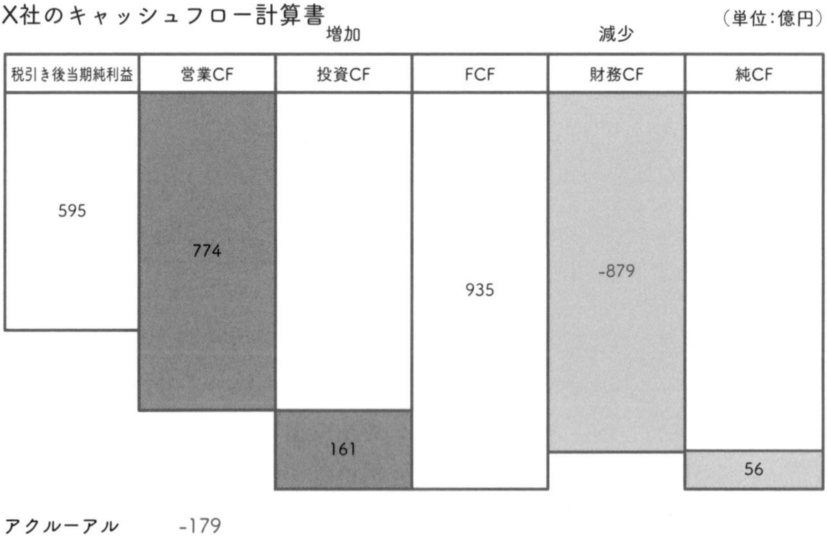

X社のキャッシュフロー計算書 （単位：億円）

税引き後当期純利益	営業CF	投資CF	FCF	財務CF	純CF
595	774	161	935	-879	56

増加　　　　　　　　　　　　　　減少

アクルーアル　　　-179

■営業キャッシュフローがべらぼうに多い

この会社のアクルーアルはマイナス179億円だから全く問題はありません。何しろ税引後当期純利益595億円と桁違いに多く、多少運転資本が増減したとしても、アクルーアルがプラスになることはないでしょう。この会社が現金を稼ぎ出す力はかなりのものといえます。何か秘密がある

のでしょうか。

■プラスの投資キャッシュフローなのにびくともしない

　私は投資CFは通常マイナスであり、プラスの場合は要注意、と説明しました。ところが、この会社の投資CFは161億円のプラスとなっています。でも、経営上の問題は全くおきていません。どういうことなのでしょうか。

■配当と自己株式購入が多い

　そして最後に、財務キャッシュフローからわかるように、現金配当と自己株式購入を積極的に行っていることがわかります。これが利益剰余金を使い切っている理由なのですが、なぜ、気前よく使えるのでしょうか。

　以上を考えながら、カノンと涼之助の議論を聞いてください。

カノンと涼之助の答えは？

 X社の決算書について私からの質問は以下の9点です。よく読んで、お2人の考えを発表してもらえませんか。

1. 税引き後当期純利益（595億円）と利益剰余金（669億円）と金額がほぼ同じなのはなぜ？
2. 現金を十分稼いでいるのに借入金が多いのはなぜ？
3. 運転資本（売掛金＋商品＝530億円）のほとんどは仕入先からの買掛金（558億円）で賄っている。これはどういうことか？
4. 有形固定資産や無形固定資産への投資が少ない。これで大丈夫か？
5. それにもかかわらず営業利益率が半端なく高いのはなぜ？
6. 借金しているのに支払利息が見当たらないのはなぜ？
7. 営業キャッシュフローがべらぼうに多い秘密は。
8. 投資キャッシュフローがプラスの原因は？
9. 配当と自己株式購入が多い理由は？

 先生、こんな難しい質問に答えるなんて、むちゃですよ。

 いやいや、むちゃではありませんよ。会社のことを真剣に考えている経営者なら、誰でも私の問いに関心を持つと思いますけどね。

 ワイン会の林さんとは別人ですな。

 どうやらあなたの会社はかなり厳しい状況のようですね。

 娘がしゃべったんですか？

はい。レクチャーの中でひとことふたこと。でも、それだけです。

 そんなことでよくお見通しで。

 やはりそうだったのですね。だから、お嬢さんを私のところへ。

 娘が会計を勉強すれば、私の代わりに税理士の先生から決算の内容をいろいろと教えてもらえると思いましてね。やはり、売上と利益をみているだけでは限界がありますから。

 大丈夫です。お嬢さんなら、決算書をプロ並みに解読できると思いますよ。

 プロと同程度ですか。たった10日間勉強しただけですよ。本当ですかね。

 カノンさん。君が考えたことをお父さんに話してあげなさい。間違えても構わない。

 あまり自信はありませんけど、お答えします。
先生のご質問は全部で9項目です。このうちのいくつかをまとめて説明します。

膨大な利益のほとんどを
配当と自己株式の買い入れに使っている

質問

1．税引き後当期純利益と利益剰余金がほぼ同じ金額なのはなぜ？

9．配当と自己株式購入が多い理由は？

 先生の説明に答えがありました。この会社は毎年の膨大な利益の

ほとんどを配当と自己株式の買い入れに使っています。利益剰余金が増えない理由はこのためです。ではなぜ積極的に配当と自己株式の購入をするのかというと、それは一株あたりの利益を高め、ROEを引き上げるためです。つまり、株価を引き上げるためだと思います。

株価を引き上げるために、稼いだ利益を目一杯配当と自社株買いに使っているわけか。

お父さんは私の答えに納得したの？

新聞くらい読んでいるからな。ソフトバンクが保有株式を売って、借金返済と自社株を買ったんだ。その目的が、株価の維持だそうだ。

そういうことです。川村さん。

投資有価証券であり余る現金を運用している

質問

4. 有形固定資産や無形固定資産への投資が少ない。これで大丈夫か？
8. 投資キャッシュフローがプラスの原因は？

貸借対照表をよく見ると、固定資産は有形固定資産と長期投資です。しかも、有形固定資産は少なく長期投資が多い。おそらくあり余る現金を投資有価証券で運用しているのでしょう。投資キャッシュフローがプラスなのは、この投資有価証券を売却したからだと思います。

そうか。お金が余っていたら銀行預金なんかにしないで、もっと

稼げる資産に投資するわけだ。うちの会社なんか、定期預金は
あっても銀行の借入の担保になっているんだから。うらやましい
限りだよ。

 川村さん。銀行に押さえられている定期預金は投資には使えませ
んね。経営の根幹に関わる話ですよ。うらやましがっている場合
じゃありません。

 いやまいったな。私はね、今の今まで、顧問税理士からそんなき
ついお叱りを受けたことがなかったものですから。恥ずかしなが
ら、銀行から借金するには担保が必要くらいしか考えていません
でした。

 土地もご自宅も、担保に入っているのですか？

 娘の前で言いたくはなかったのですが、そうなんです。

 そうですか。では引き続きカノンさんの考えを聞きましょう。

 次のグループは以下の3項目です。

▌目に見えない現金製造機が働いている

 質問

7. 営業キャッシュフローがべらぼうに多い秘密は？

5. 営業利益率が半端なく高いのはなぜ？

3. 運転資本のほとんどは仕入先からの買掛金で賄っている。これで
いいのか？

 この会社の営業利益率が高いのは、商品毎の粗利益率が高いだけ

ではなく、商売の仕方がとても上手だからです。これは現金製造機である固定資産との関係で見ていく必要があります。この会社の有形固定資産が売上高に占める割合は16％程度です。しかも、無形固定資産はゼロ。にもかかわらず、営業利益率は驚異的です。おそらく、目に見えない現金製造機が大きく働いているのでしょう。

 なんだ、その見えない現金製造機とやらは？

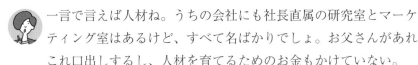 一言で言えば人材ね。うちの会社にも社長直属の研究室とマーケティング室はあるけど、すべて名ばかりでしょ。お父さんがあれこれ口出しするし、人材を育てるためのお金もかけていない。

 無い袖は振れないんだよ。お金があり余っていたら、いくら使ったって構わない。

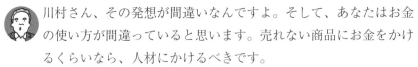 川村さん、その発想が間違いなんですよ。そして、あなたはお金の使い方が間違っていると思います。売れない商品にお金をかけるくらいなら、人材にかけるべきです。

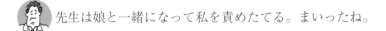 先生は娘と一緒になって私を責めたてる。まいったね。

決算書を調べてみたんです。うちの会社は利益こそ出ていても、営業キャッシュフローはほとんどゼロでした。

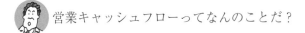 営業キャッシュフローってなんのことだ？

商売の結果、1年間で増えた現金のことよ。利益の額より、増加した現金（キャッシュ）の額が多ければ、利益の質は高いと考えるの。

逆に利益が多くても、現金の裏付けが足りないと、利益の質が悪いことになるわけ。ちなみに、うちの会社の利益の質はひどい状態よね。

 なんだって!?　黒字だったと喜んでも、現金の裏付けがないのか？

 そう、まぼろしね。

 おいおい、そりゃないぜ。税理士の先生がオレを騙したのか!?

 売掛金や在庫をしっかり管理していないから。

 なぜ、そんなことに金をかけなくてはいけないんだ。

 せっかく儲けたお金が、ムダな在庫や回収できない売掛金に使われているからよ。お父さんって、この商品が売れると思ったら、大量に仕入れるでしょ。安く買えるからそれで儲けたつもりになる。でも現実は売れなくて、倉庫には在庫が山積みよ。あれってすべて現金なのよ。

 そう言われればそうだな。商品が売れないとお金は戻ってこないからな。

 それから、売上が一番だと言って、お客様の信用も考えないで、誰にでも売ってしまうでしょ。

 確かに信用のない客は支払いが遅い。

 在庫や売掛金をきちっと管理していないから、そのツケがうちの

会社に回ってくるのよ。

だから、税金が支払えないんだ。

この論点はこのくらいにして、最後の2項目についてカノンさんの考えを聞きましょう。

はい。現金がないから借金する。借金は悪だ。そんな考えをずっと持ち続けていました。でもそうではないのですね。この会社の2つの事実からそれがよくわかりました。

儲かりすぎているから、わざと借金をしている!?

質問

2．現金を稼いでいるのに借入金が多いのはなぜ？

6．借金しているのに支払利息が見当たらないのはなぜ？

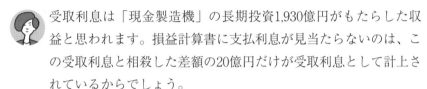

受取利息は「現金製造機」の長期投資1,930億円がもたらした収益と思われます。損益計算書に支払利息が見当たらないのは、この受取利息と相殺した差額の20億円だけが受取利息として計上されているからでしょう。

そうはいっても、もし借入金がなければ受取利息分だけ利益が増えるんじゃないかな。なぜ、そんなもったいないことをするんだ。オレには想像もつかんね。

その点は私が答えましょう。この会社は儲かりすぎているんですよ。株主は株価の値上がりと配当がほしくてたまらない。つまり、株主が要求する投資利益率はかなり高いんです。たぶん10％は超えるでしょうね。でも、銀行からの借入金ならわずかな利息を払えば好きなだけ貸してくれます。しかも、株主のように「ROEを上げよ」「配当を増やせ」とうるさいことは言わない。だからなんですよ。

わざと借金をしているのですか!?

借金することが、理論的に正しいんだよ。資金の調達コストが抑えられるからね。

先生。この化け物のような会社は、一体どこなんですか？

川村さん。その質問に答える前に言っておきたいことがあります。それは、この決算書には１つだけウソがあるんです。

やはり、架空の会社なんですね!?　思ったとおりだ。

いえ、実在の会社です。じつは、単位が違っているのです。

単位は百万円ではなく、千円ですか？

いいや。１億円です。つまり、総売上高26兆円、税引き後当期純利益は６兆円なんですよ。会社の名前はアップル。

そんなにすごい会社だったのですね。私、創立者のスティーブ・ジョブズの言葉を思い出しました！

Think deeply.（深く、じっくり考えよ）

先生のレクチャーはこの言葉そのものでした。

正直、君が音を上げるんじゃないかと心配だった。だが、よく頑張ったね。川村さんも会計を武器にして経営に精進してください。

おかげさまで会計の見方が変わりました。私は会計を知らなくても会社経営はできる、と思い込んでいました。目隠しして「いろは坂」を運転するようなものですな。

いいたとえですね。そこに気づけば、あなたの会社は間違いなく良くなります。

業績が落ち込んだからといって、ずっと黒字でしたからね。でも資金繰りは苦しかったですよ。毎日が針のむしろでした。でも今日からは違いますよ。アップルを目指して娘とともに会社を生ま

れ変わらせますから。

その意気です。では、いただいたロマネコンティで乾杯といきましょうか。昨晩、抜栓しておきました。

それは最高ですな。

先生、この2005年のロマネコンティは会社が一番儲かっていた時に、父がフランスで買ったんです。何度かお金に換えて従業員の給料の足しにと思ったこともあるようです。

ご存じの通り、この年のロマネコンティは別格です。私の会社が面白いように儲かったから買えたんです。業績が低迷してからというもの、売ることも、飲むことも無理でした。持っていることすら苦痛でしたよ。だから、この際、林さんにあげたらスッキリするだろうと思いましてね。

それで、私にくれたんですか。しかもスーパーの紙袋に包んでお嬢さんに持たせた。確か、そんな映画がありましたね[14]。それにしても、ワイン愛好家として言わせていただくと、あの紙袋はロマネコンティに失礼です。

白状しますと、林さんのレクチャーにはそれほど期待はしていなかったんですよ。

期待外れですか。

はい。いい意味で。

それは恐縮です。

14　映画『サイドウェイ』ポール・ジアマッティ演じる冴えない主人公が、サンテミリオンの最高級赤ワイン61年物のシュヴァル・ブランを1人紙袋に包みファミレスで飲む。このシーンが切ない。

先生、私にもお礼を言わせてください。文学部卒の私に会計の面白さを教えてくださり、ありがとうございました。

 ボクの方こそ君の成長を誇りに思うよ。会計は基本さえ身につければ簡単にマスターできる。それを難しくしているのは、基本をないがしろにした会計教育と、文系とか理系とかの歪んだこだわりだ。基本を大事にする「林メソッド」の修了生である君はわかっていると思うが。

 もちろんです。

 うれしいね。では、お2人の新たな出発に乾杯しましょう！

 カンパ〜イ！

おわり

［著者］

林 總（はやし・あつむ）

公認会計士、税理士
LEC会計大学院 客員教授

1974年中央大学商学部会計学科卒。同年公認会計士二次試験合格。外資系会計事務所、大手監査法人を経て1987年独立。以後、30年以上にわたり、国内外200社以上の企業に対して、管理会計システムの設計導入コンサルティング等を実施。
2006年LEC会計大学院 教授、2015年明治大学専門職大学院 会計専門職研究科 特任教授に就任。著書に、『餃子屋と高級フレンチでは、どちらが儲かるか？』『美容院と1,000円カットでは、どちらが儲かるか？』『コハダは大トロより、なぜ儲かるのか？』『新版わかる！管理会計』（以上、ダイヤモンド社）、『ドラッカーと会計の話をしよう』（KADOKAWA／中経出版）、『ドラッカーと生産性の話をしよう』（KADOKAWA）、『正しい家計管理』（WAVE出版）などがある。

たった10日で決算書がプロ並みに読めるようになる！
会計の教室

2020年9月28日　第1刷発行
2022年1月7日　第2刷発行

著　者―――― 林 總
発行所―――― ダイヤモンド社
　　　　　　　〒150-8409　東京都渋谷区神宮前6-12-17
　　　　　　　https://www.diamond.co.jp/
　　　　　　　電話／03・5778・7233（編集）　03・5778・7240（販売）
装丁―――――― 穴田淳子（ア・モール・デザインルーム）
カバー・本文イラスト― 市村 譲
本文デザイン&DTP― 二ノ宮匡（ニクスインク）
校正―――――― 鴎来堂
製作進行――――― ダイヤモンド・グラフィック社
印刷――――――― 堀内印刷所（本文）・ベクトル印刷（カバー）
製本――――――― 本間製本
編集担当――――― 高野倉俊勝

餃子屋と高級フレンチでは、どちらが儲かるか？

林 總［著］　四六判並製、本体1500円+税

父の急逝で突如アパレル会社社長に就任した由紀は、銀行からリストラを迫られ、会計のプロ・安曇教授に助けを求める。安曇のレクチャーによって会計と経営を学んだ由紀は、素人社長から粉飾決算を見抜くまでに成長し、会社を立て直していく会計サクセスストーリー。

美容院と1000円カットでは、どちらが儲かるか？

林 總［著］　四六判並製、本体1500円+税

アパレル会社「ハンナ」の社長に就任した由紀は、安曇教授のアドバイスで見事に会社再建に成功する。5年後、ハンナでは、業務の効率化のためにコンピュータシステムを導入するが、初日からトラブルの連続で会社は大混乱に陥ってしまう。「このままでは会社が潰れる……」。由紀はふたたび安曇に助けを求める。IT時代に必要な会計システムとは？

コハダは大トロより、なぜ儲かるのか？

林 總［著］　四六判並製、本体1500円+税

『餃子屋と高級フレンチ』シリーズ第3弾。100年に一度の不況に直面した中堅アパレル会社ハンナは、売上が大きく減少し、また借金生活に逆戻り。文京銀行の高田支店長から「半年以内に15億円を返済するように」迫られ途方に暮れる由紀は、三度安曇に助けを求める。しかし安曇教授は「自分の頭で考えるんだ」と言い残し、連絡が取れなくなってしまう……。

50円のコスト削減と100円の値上げでは、どちらが儲かるか？

林 總［著］　四六判並製、本体1500円+税

赤字続きのファミレス不採算店に、全国チェーンの強力なライバルが襲いかかる。閉店か、はたまた存続できるのか？　頼りない店長に代わり、改革のリーダーに指名されたのは、なんと女子大生アルバイトのヒカリだった。だが、残された時間はあとわずか。果たしてヒカリは、窮地に陥った赤字店舗を儲かるお店に変えて店舗閉鎖の危機から救えるのか？